—— 作者 ——

彼得·萨里斯

早年在牛津大学圣奥尔本斯学校和贝利奥尔学院接受教育，主攻拜占庭和中世纪史，于1993年获牛津大学全灵学院奖学金；2000年起任教于剑桥大学，现为罗马晚期、中世纪和拜占庭史教授，兼任剑桥大学三一学院研究员。

[英国] 彼得·萨里斯 著　刘洪涛 陆赟 译

拜占庭

牛津通识读本·

Byzantium

A Very Short Introduction

译林出版社

图书在版编目（CIP）数据

拜占庭 /（英）彼得·萨里斯（Peter Sarris）著；刘洪涛，陆赟译 .
—南京：译林出版社，2023.1
（牛津通识读本）
书名原文：Byzantium: A Very Short Introduction
ISBN 978-7-5447-9348-3

Ⅰ.①拜… Ⅱ.①彼… ②刘… ③陆… Ⅲ.①拜占庭帝国 - 历史 Ⅳ.①K134

中国版本图书馆 CIP 数据核字（2022）第 133256 号

著作权合同登记号　图字：10-2018-429 号

拜占庭　[英国] 彼得·萨里斯 / 著　刘洪涛　陆　赟 / 译

责任编辑　陈　锐
装帧设计　韦　枫
校　　对　孙玉兰
责任印制　董　虎

原文出版　Oxford University Press, 2015
出版发行　译林出版社
地　　址　南京市湖南路 1 号 A 楼
邮　　箱　yilin@yilin.com
网　　址　www.yilin.com
市场热线　025-86633278
排　　版　南京展望文化发展有限公司
印　　刷　徐州绪权印刷有限公司
开　　本　850 毫米 ×1168 毫米　1/32
印　　张　4.75
插　　页　4
版　　次　2023 年 1 月第 1 版
印　　次　2023 年 1 月第 1 次印刷
书　　号　ISBN 978-7-5447-9348-3
定　　价　59.50 元

序　言

陈志强

"牛津通识读本"《拜占庭》这本书，我还是第一次听说。多年前，我和弟子武鹏副教授合作翻译过曼格主编的《牛津拜占庭史》（北京师范大学出版社2015年版），那是一本严肃的学术类教材。牛津大学这么快又出版新的拜占庭通史书了？这两本书有什么不同？带着满腹疑团，我寻找答案。

在海内外弟子的帮助下，我最终弄明白了，《拜占庭》是一本大学普及读物，属于七百多种"牛津通识读本"系列图书之一。根据出版社公布的现有读本名录，历史类读本近十分之一。这套书的选题与牛津大学的课程体系并不完全配套，也许是为了满足在校各院系同学广博的求知需求。以这两本拜占庭史书籍来看，《牛津拜占庭史》的主编是学富五车的国际拜占庭学的著名权威，而《拜占庭》的作者则是"70后"中青年专家萨里斯。这里并非以此评判两书的质量，只是想说明它们各自的突出点。例如，《拜占庭》的写作重点集中，关注战争及其对拜占庭政治和文化的影响，在较短的篇幅中展现出这个中世纪大帝国千余年历史发展的主线，读者可以用一周喝咖啡的时间读完它。又如，它语言通俗活泼，在一些历史转折点的重大事件和人物那里制造场景，令人兴趣盎然。这种书其实并不好写，只有在深入研究拜占庭史和全面把握拜占庭历史与文化系统知识后才能完成。因此，作者在前言中称，他是在全球顶尖的拜占庭研究机构之一哈佛大学橡树园图书馆完成此书的，可见他是下了一番功夫的。

拜占庭帝国从哪里来？这个帝国与罗马帝国是什么关系？上千年的拜占庭帝国有哪些重要特征？一度强盛的拜占庭帝国后来为什么衰亡了？拜占庭历史与文化的历史定位是什么？等等，这类问题在这本小书中都会有适度而生动的解答。

如果以宏观的视野看待古罗马帝国以后的欧洲地中海历史，读者就会发现，这个统一了地中海世界的罗马大帝国留给了后世两种政治模式：其一是东地中海世界（包括地中海和黑海）的中央集权制，其二是西地中海和西欧的地方集权制。前者的继承者是统一的拜占庭帝国，而后者的继承者是战乱不休的西欧。在欧亚大陆西端的这个空间狭窄的试验场上，两种“大人群”治理模式经过了中世纪千余年的实践，留给后人一段令人回味无穷的历史故事。

今天被普遍贬斥的拜占庭帝国中央集权皇帝专制，事实上是从晚期罗马帝国到拜占庭帝国发展史的必然结果。“公元3世纪大危机”将罗马帝国拖入混乱的深渊，经济危机、人口锐减、思想错乱，激发了政治混乱，皇位持续更迭，康茂德被杀后便爆发了数十年之久的皇位争夺战，235年至284年间，约26个皇帝轮番坐庄，各地起义骚乱此起彼伏，内乱伴随着日耳曼各部落成功入侵帝国，萨珊波斯军队也乘乱进攻，甚至于260年俘虏了罗马皇帝。在此艰难时世，恢复政治秩序和相对安定的社会生活是罗马人的普遍愿望，强化帝制的发展趋势由此突显，至少人们对“五贤帝”之安定和“公元3世纪大危机”之混乱的优劣形成了共识和选择的倾向性。戴克里先和君士坦丁时代的帝国逐渐摆脱战乱，以拜占庭皇帝专制为核心的中央集权制，有效地中止了晚期罗马帝国军阀割据的政治局面，结束了凭借武力征战夺取最高权力的残暴方式，以一种血亲世袭继承原则取代了军事强人普遍觊觎皇位的习俗。

此后，皇帝专制时紧时松，帝国中央集权时强时弱。一些铁腕君主特别是能征善战的皇帝将帝国带入强盛，不仅社会生活稳定富足，而且有效地抵御住了强大外族敌人的入侵和东方游牧民族持续不断的劫掠。与此同时，个别平庸之辈或昏庸帝王造成的短时混乱和宫廷内争，并没有对民众生活产生实质性影响。相对稳定的政治统一，促使拜占庭帝国的社会生活保持在总体上有序的范围内，因此经济发展环境相对良好，社会财富积累也相对迅速，甚至在特定时期进入短期良性循环的快速发展阶段。该地区的城市生活质量达到了欧洲地中海世界的最高水平，并成为中世纪时期宗教文化生活最活跃的中心。

以更宏观的视角来看，当时整个欧洲地中海和西亚地区的人口情况，就很说明问题。前工业时代社会财富的积累很难统计清楚，唯有人口是个相对准确的指标。因为只要百姓生活安稳，日子过得去，家长们就一定会生育孩子并把他们养大，富有之家更是把人丁兴旺视为最佳生活的选择，因此人口增长指标是衡量古代社会（包括国家）发展程度的最佳指标。晚期罗马帝国之后，欧洲地中海地区最大的变动便是东部和西部地区分道扬镳各自走上不同的道路，东罗马帝国即后世所称的拜占庭帝国，保持着国家权力的相对集中，皇帝专制制度自君士坦丁一世后持续到1453年。与此同时，西罗马帝国缺乏中央集权，各级封建领主以家族为基本单位，以土地为纽带形成封主和封臣之间的封建关系，出现了“我的封臣的封臣不是我的封臣”“我的封主的封主不是我的封主”的断裂等级制。各级封建主之间形成了错综复杂的关系，他们相互冲突，内部战乱不断，外族持续入侵，长期的战乱遍及西欧和中欧各地，这里成为中世纪世界战乱最为频繁的地区。

这种政治上的四分五裂状态和拜占庭帝国中央集权治下的统一帝国反差极为鲜明，其社会表现便是人口差异极大。根据学者粗略估算，自2世纪末罗马欧洲人口达到6700万到7000万人以后，欧洲居民大多集中到了拜占庭帝国，甚至在拜占庭帝国收缩到东部地区后，其人口也远远超过西部地区（John Haldon，*The Palgrave Atlas of Byzantine History*，New York：Palgrave MacMillan，2005，p.7；Angeliki E.Laiou，*The Economic History of Byzantium*，*from the seventh through the fifteenth century*，Washington，D.C.：Dumbarton Oaks Research Library and Collection，2002，I，pp. 47—48）。造成人口东向集中的原因虽然复杂，但战乱促使人们向富足安定的地区流动，几乎是没有疑问的关键性因素。中世纪西欧内部多层次、多形式的战乱造成人口和财富大量损失是没有争议的共识，该地区长期战乱和贫穷也是不可否认的事实，那里远比拜占庭世界更贫穷、痛苦和野蛮，人口死亡率更高。拜占庭帝国之所以长期占据欧洲地中海世界最富有地区、人口最多地带，成为文化最活跃的中心，绝非偶然，是帝国中央集权政治下社会生活相对安定的必然结果，这与战乱频繁的欧洲其他地区形成鲜明对照。

马其顿王朝巴西尔二世的“黄金时代”是拜占庭帝国发展的顶峰，也是帝国中央集权制国家由强盛到衰弱的转折点。拜占庭帝国中央集权制在科穆宁王朝时期的“贵族治理”改革后发生了改变，皇帝家族政治逐步取代了原有的国家政治。大约与此同时，欧洲其他地区特别是西欧地区的家族地方集权，却逐渐朝向以国王为代表的中央集权制发展，出现了早期多层次政治无序状态向着国家集中统一政治权力的发展趋势。衰落阶段的拜占庭国家集中统一政治权力自科穆宁王朝后愈发衰弱，不自觉地促使帝国中央集权降格为地方集权势力。这一深刻变动为嗣后欧洲地中海世界在中世纪晚期和近代早期的发展奠定了基础，西欧各国不断强化的以国王集权为最高形象的民族国家恰好符合工业文明初起的政治经济要求，那里各个近代国家的发展愈发强势，而拜占庭则从强势的中央集权“帝国”蜕变为地方集权的家族统治，资源和疆域同比萎缩，进而被新兴的中央集权的奥斯曼帝国所灭。

笔者多说了几句，希望读者在阅读《拜占庭》一书时，既能看热闹，也能看门道。更多的解读，则有赖于读者在细读此书中，细细品味，领悟参透。

2021年9月于南开大学龙兴里

满怀爱意献给T. F. S.

目　录

前　言

本书是我在美国华盛顿特区敦巴顿橡树园研究图书馆暑期访学期间完成的，我原本打算在那个暑期研究查士丁尼皇帝的“小说”。我要感谢玛格丽特·马莱特在敦巴顿橡树园的热情款待（不仅是这一次，还有上一次访学），以及黛布·斯图尔特和其他图书管理员的帮助。我也要感谢哈佛大学董事会给我这次机会，感谢牛津大学出版社的珍妮·纽吉对我的支持。

特洛·斯通就本书初稿提出了宝贵意见，对此我深表感谢。本书关于拜占庭的认识要归功于我在牛津大学就读时的几位老师，特别是詹姆斯·霍华德-约翰斯顿、西里尔·曼戈、马利亚·芒德尔·曼戈，是他们引领我从事拜占庭研究。我还要感谢我的朋友和同事，包括（但不限于）马克·惠托、凯瑟琳·霍姆斯、彼得·弗兰科潘、特雷莎·肖克罗斯。

本书重点关注战争及其对拜占庭政治和文化的影响。拜占庭毕竟是个帝国，依靠武力生存，又最终亡于武力。需要说明的是，本书聚焦高雅文化，而不是经济结构；关注皇帝的政策，而不是农民的生活。这并非因为我认为这些未被关注的问题不重要，而是因为我在其他著作中已经对上述问题做了详细论述。

彼得·萨里斯

剑桥,2014

第一章

何为拜占庭?

有机的躯体共唱赞歌;
各地方言在拜占庭汇合;
他们在拜占庭放声歌唱;
君王的声音在街道回响。

(查尔斯·威廉姆斯,《帝国景象》)

信仰、理性与帝国

在我们所生活的世界,宗教极端主义正在抬头。理性高于信仰,这原本是18世纪的“启蒙运动”在智识和文化方面的伟大成就之一。但是在当今世界,这样的信念正在受到质疑和挑战。宗教极端主义的部分拥护者甚至反对现代科学技术所取得的成就,认为它们败坏道德。因此,在耶路撒冷的老城,墙上贴满了用希伯来语写的海报,谴责那些使用互联网或智能手机的人。然而,其他人(特别是伊斯兰极端主义者)却抓住了科学(尤其是现代通信技术)提供的机会来传播信息,发表观点。于是,科学就被这些人用于推广他们所认为的真正的宗教事业。

那些从世俗视角看待世界的人,可能会认为这样的立场自相矛盾，但事实上启蒙运动在理性与信仰之间所挑起的对立，在某种意义上就是历史的反常。这一点可以从拜占庭的历史中得到最清楚的验证，这个基督教帝国以君士坦丁堡为首都，延续了一千多年。

根据统治者推行的官方意识形态和政治宣传，拜占庭不仅仅是一个基督教社会，由皇帝作为上帝在人间的代表。帝国也被许多人认为是上帝对人类神圣统治的核心部分。从神秘主义的角度来理解，君士坦丁堡治下的世俗帝国与基督的天国融为一体。

因此，就其核心意识形态而言，拜占庭比同时代的任何其他社会、王国和帝国都更加深刻地受到宗教的影响。有人声称，拜占庭实现了天地合一。与此同时，它在技术和科学上是中世纪早期欧亚世界西部最先进的力量，它可以用秘密武器“希腊火”（可能是一种基于石油的化合物，借助虹吸效应，可以喷射并点燃，从而摧毁敌舰，烧死敌人）震慑来犯的穆斯林军队。此外，在首都的公共空间和皇宫都有巨型机械设备，来自拉丁西方的访客无不为之惊叹。

当然，正因为拜占庭被认为是高度宗教化的社会，启蒙运动的作家和思想家才会对其不屑一顾。同时也正因为他们的轻视，中学和大学教程一直没有关注拜占庭史，这一状况过了很久才得到改观。

爱德华·吉本的史学巨著《罗马帝国衰亡史》，给受过良好教育的英语读者留下了深刻的印象。在他看来，拜占庭历史是“一个乏味、单调的故事，反复诉说着软弱和痛苦”。他宣称：“在王位上，在军营里，在学校中，我们只能徒劳地寻找那些值得名垂青史的人物。”对伏尔泰来说，这里“汇集了毫无价值的演讲和奇迹……是人类思想的耻辱”。他的法国同胞孟德斯鸠表示赞同，并把拜占庭复杂的政治关系描述为“反抗、暴动和背叛，仅此而已”。

正是孟德斯鸠率先使用“拜占庭式”一词，来指代长期的官僚政治复杂性、无休止的阴谋和随处可见的腐败。理性思想在德国的代表人物黑格尔也同样持批评态度，他告诉读者，拜占庭帝国的“总体面貌呈现出令人厌恶的愚蠢特质；可怜的激情近乎疯狂，扼杀了思想、行为和人性中任何高贵的成分”。由于政治方面的专制和宗教方面的虔诚，拜占庭被上述思想家描绘成一座拘禁智慧和灵魂的监狱。结果就是，拜占庭的思想和科学成就遭到了否定。他们忽视了一点，那就是，拜占庭的宗教文化远比官方认可的意识形态更加多样化。

那些浪漫主义作家和神秘主义诗人，比如W. B. 叶芝和查尔斯·威廉姆斯，则在19世纪和20世纪被拜占庭文化所吸引。他们之所以向往它，正是**因为**其所谓的理性的边缘化和崇高的相应提升。终其一生，沃尔特·司各特爵士未能完成以十字军东征时期的拜占庭帝国为背景的历史小说《巴黎伯爵罗伯特》。对于这个备受偏见的古老文明来说，这是个好消息。因为在司各特的所有作品中，这是最浮夸的一部（不过，必须承认，作者本人是抱着同情的态度来写这部作品的）。

在本书的剩余篇章中，读者将会看到，不管是启蒙运动时期的批评者，还是浪漫主义时期的拥护者，对于拜占庭的认识都不够全面。拜占庭的文化和社会比他们所认为的更为复杂，并且正是这种复杂性让它如此迷人。拜占庭是基督教社会，但正是在这里，僧侣、教士以及教会之外的世俗人士保存了古希腊（和异教徒）的哲学、文学和思想。正因为如此，这里总会诞生一些个体，他们博览群书，眼界开阔，他们更喜欢荷马，而不是基督；更喜欢柏拉图，而不是圣保罗。

拜占庭文化倾向于回避创新，但它融合了不同起源的多个民族，因此它必然会催生多种多样的新的文学、艺术以及建筑风格和样式。它是个世界强国，几个世纪以来与伊斯兰世界冲突不断，但它学会了与邻国相处，并以巧妙务实的方式与邻国打交道，很大程度上避免了“他者”被妖魔化，而这却是拉丁国家和西方对待穆斯林东方的方式。拜占庭同时也是个大型经济体，在许多世纪里，保留了古代经济的复杂特质。相比之下，在5世纪，随着罗马帝国统治的消亡，西欧已经丧失了这种复杂性。

总的来说，拜占庭是个非常特殊的文明，没有哪个现代的民族国家或政体可以声称是它的后裔，也没有哪个民族可以声称完全继承了它的遗产。不仅是希腊人，还有土耳其人，不仅是俄罗斯人和塞尔维亚人，还有亚美尼亚人、格鲁吉亚人、叙利亚人和其他民族，他们都以不同的方式（以及在不同程度上）声称自己继承了拜占庭帝国的部分遗产。

为什么称“拜占庭”？

在前一节中，拜占庭帝国被描述为“我们称之为拜占庭的那个基督教帝国”。这是因为居住在帝国的民众很少有人自称是“拜占庭人”。形容词“拜占庭人的”有时被用来指称君士坦丁堡的个体居民。这座城市在325年被君士坦丁皇帝以自己的名字重新命名（君士坦丁之城，新罗马）之前，在希腊语中一直被称为拜占庭。

然而，即便是另一个形容词“拜占庭式的”，它的用法在很大程度上也是一种文学的矫揉造作。16世纪的德国古典学者希罗尼穆斯·沃尔夫（1516—1580）借用这个词来形容一些用希腊语描写帝国事务的作者。17世纪，法国国王路易十三和路易十四时期的宫廷学者资助出版了一批“拜占庭式的”希腊语文本，从而让这个词流行开来。此后，这个词沿用至今，不过从事拜占庭研究的一些现代学者更倾向于将拜占庭帝国及其文明称为“东罗马”。

这是因为所有的拜占庭皇帝，以及许多民众，都认为自己是罗马人，他们生活的帝国是由奥古斯都和马可·奥勒留开创的罗马帝国的直接延续。拜占庭不是罗马帝国的“继承人”，它**就是**罗马帝国。在希腊语中，他们称自己为“罗马人”，正如现代土耳其人仍将许多说希腊语的基督徒（比如塞浦路斯的基督徒和伊斯坦布尔希腊语社区的剩余居民）称为罗马人，而不是希腊人。在他们的想象中，他们就像李维和西塞罗一样，是纯粹的罗马人。为了理解这一点，我们必须回到3世纪和4世纪，当时的一系列权力斗争几乎让罗马帝国四分五裂。我们将重点观察君士坦丁皇帝以及他一手缔造的王朝。

从戴克里先到君士坦丁

到3世纪初，罗马帝国已经从罗马城扩展到包含了广袤的领土和多元化的主体民族——西起英国，东至叙利亚，北起多瑙河，南至上埃及和北非的阿特拉斯山脉（见地图1）。罗马人缔造这个庞大的帝国，靠的是辉煌的军事成就、高超的外交手腕，以及在罗马人渴望扩展其控制的地区精心培育和协调地方实权人物的野心与期望。那些愿意与罗马合作，接受罗马价值观和文化的人，不仅被授予一定的地位、荣誉和等级，而且被委托对他们居住的领土进行日常管理。

罗马帝国通过其努力所创造的世界，基本上是以城市为基础的。也就是说，被选入帝国计划的地区精英都居住在具有纪念意义的城市中心，在拉丁语中称“公民国家”，在希腊语中称“城邦”。 在那里，他们被组织进市议会，名为参议院。皇帝主要通过这些市议会进行统治——他的意志通过帝国任命的总督传达给议员，而总督又根据行省的情况向皇帝和罗马元老院报告。这种相对的权力下放制度促进了对帝国广大地区的统治，尽管国家的最高职位仍然专属于一个集中于罗马城的明显保守的、植根于意大利的元老院阶层。

3世纪中叶，这一制度遭受了巨大的压力。罗马人与莱茵河、多瑙河以北的多个蛮族部落所产生的经济和政治联系，破坏了后者原始的、相对平等的社会结构，并导致他们的部落和联盟规模日益庞大，最终他们的实力足以挑战罗马对边境地区的统治。

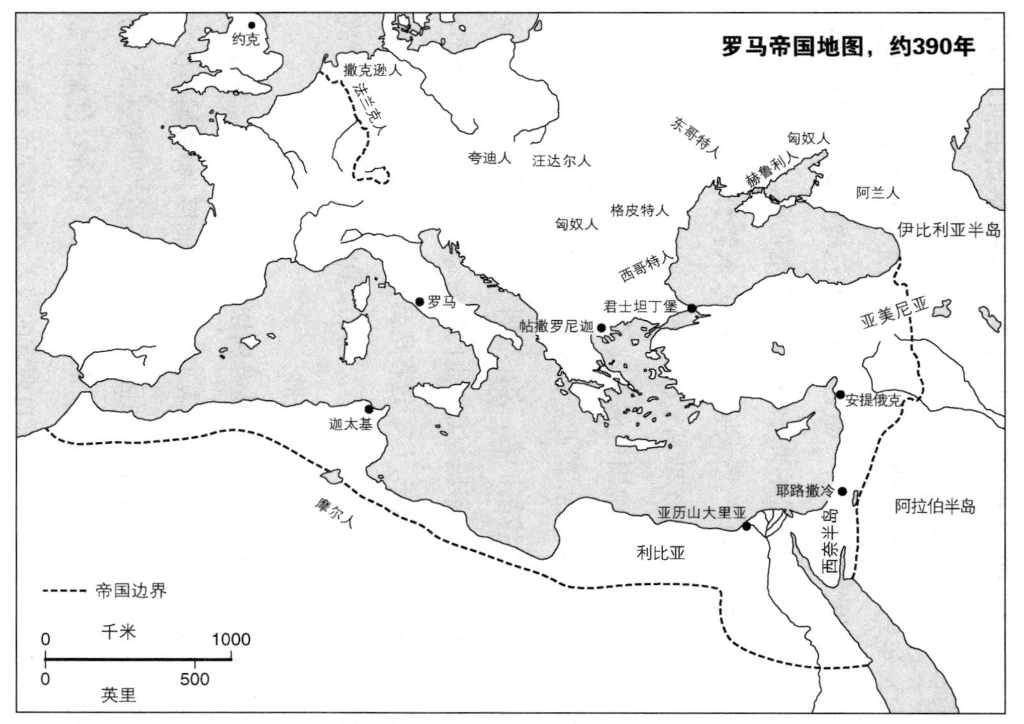

地图1　罗马帝国（约390年）

与此同时，2世纪末，罗马帝国击败了波斯人，把帝国边界继续向东推进。这场对罗马的失利导致安息王朝的终结。多个贵族集团为了争夺统治地位展开殊死搏斗，最终萨珊王朝取而代之，成为波斯帝国新的统治者。

226年9月，萨珊王朝创立者阿尔达希尔一世在泰西封的王宫加冕。他很快就发动了一系列战争为自己增加威望，同时团结他身后的波斯贵族。他的儿子沙普尔一世继位后，延续了侵略政策。260年，他发动了一场大胆的战争，攻入叙利亚北部，洗劫了安提俄克，俘虏并羞辱了罗马皇帝瓦勒良。

这场危机在罗马帝国内部引发了一场社会革命。此前帝国皇帝由罗马元老院任命，但此后的多位皇帝均由军队任命。军队从自己的队伍中选拔统治者，这并非偶然。其结果是，连续多位出身卑微的军人成为帝国皇帝，他们绝对忠于帝国的意识形态，不愿意忍受失败。284年，这一过程达到高潮，戴克里先战胜了他的对手，确立了自己的皇帝地位。随后，他针对国内外的各类敌人发动了一系列战争，并最终获胜。

在戴克里先的领导下，罗马帝国恢复了和平，这给了他实施一系列行政改革的机会。他引入了权力分享制度，将帝国的权力下放到可能产生军事威胁的地区。最终，他采取“四帝共治”的形式，将庞大的帝国交给两位皇帝来治理，一位负责对付来自东方的敌人，另一位负责对付来自西方的敌人。每位皇帝都配有一名副手，被称为“恺撒”。这些掌握着帝国权力的**最高统治者**平时居住在距离帝国边境更近的帝国首都，比如西部的特里尔，或东部的安提俄克。

与此同时，行政和财政体系也进行了重组，以便帝国能更好地控制各个行省。各行省的军政和民政权力分开，军队规模扩大。行省数量增加，规模缩小，以便加强中央权力对市议会的监督。

由于军队规模的扩大和帝国官僚机构的扩容，中央政府直接雇用的高级军官和文官的人数增加了一倍多。这些官员主要从各行省的市议会成员中招募。与此同时，这些人还有机会进入元老院。

新的贵族集团开始形成，并主导帝国政治。至关重要的是，罗马帝国内部的权力重组导致权力和影响力转移到了帝国的东部行省，这里的官方语言是希腊语。帝国皇帝居住在这些省份，以便监督罗马的超强对手——新近好战的波斯帝国。

这一事实将对罗马帝国的政治文化，特别是皇帝及其周围人的行为和举止产生越来越明显的影响。尤利乌斯·恺撒的养子屋大维于公元前31年击败竞争对手马克·安东尼，取得统治权。在此之前，罗马帝国一直采取共和政体，理论上由罗马元老院和人民共同治理。

屋大维（他给自己取名“奥古斯都”，意思是“受人尊敬的人”或“超人”）率先成为皇帝。不过，他完整保留了罗马宪法规定的共和制度，将自己的最高权力凌驾其上，并且将共和制度下的各类政府机构以混杂的形式融为一体，作为帝国政府的基本架构。因此，他并没有把自己称为罗马世界的霸主（虽然他确实是），而是以罗马共和国的首席执政官自居。在罗马帝国说拉丁语的西部行省中，当地精英正是通过这些共和制度的术语来了解帝国的行政运作，并且向罗马学习，从中发展出他们自己的政治文化。

相比之下，说希腊语的东部行省有着完全不同的政治文化。除了希腊本土，这些地区曾经被波斯和埃及的伟大君主所统治，他们的国王被奉为神。反过来，这些统治者通常认为，他们的臣民不过是众人皆知的（或事实上的）奴隶。神圣君主制在这些地区的文化中根深蒂固，一直延续至公元前4世纪，当时这些地区被来自马其顿的天才军事领袖亚历山大大帝所征服，他令人们有点信服他也是一个神。

尽管亚历山大和他的继业者能够让埃及、叙利亚和巴勒斯坦走上希腊化的发展道路，并且向地方精英传授希腊语，引入希腊的思想文化，但是被马其顿的国王们所接受的统治风格必须有所调整，以便满足当地人的期望。随着罗马帝国的势力向东扩展，他们的那套神圣君主制的政治词汇又被传给了罗马人。

比如在伟大的城市以弗所，当地人在用拉丁语撰写的称颂皇帝的铭文中，授予他们“大祭司”（意为罗马教皇学院的主教）之类的共和制头衔。与此同时，在用希腊语撰写的文字中，他们又宣布皇帝是“至尊”或“唯一的统治者”。在东方的其他地区，皇帝被称为“世界统治者”，拥有人身自由的罗马公民则被称为“奴隶”。

说希腊语的东部行省的政治文化，原本就有向西辐射的自然趋势。但是，随着“四帝共治”体系的确立，以及戴克里先亲自坐镇东方的决定，这种影响得到了强化。因为这意味着帝国皇帝的权力需要在东方的政治环境中运作，而在这样的环境中神圣君主制的传统是最强的。为了能有效地推行他的权力，他必须以当地人熟悉的方式发布命令。

几近同时代的历史学家奥勒留·维克托这样描述戴克里先：

> 他是个伟人，虽然有点怪癖：他想要一件金丝长袍外加一双用丝绸和珠宝点缀的紫色凉鞋。尽管这件事破坏了他的谦卑形象，显露出傲慢自大的心态，但是和其他事相比，这根本不算什么。因为他是继卡利古拉和图密善之后，第一个允许自己在公众场合被称为“主人”，被当作神来称呼和崇拜的罗马皇帝。

因此，帝国的行政权力不仅变得军事化，而且高度礼仪化，皇帝被描绘成神在人间的代表。特别是戴克里先，他声称自己的权威源自朱庇特。朱庇特是罗马国教的众神之父，被描述为皇帝的神圣同伴。

305年，暮年的戴克里先做了一件了不起的事：他和马克西米安一同退休。帝国东部的统治权由他的副手伽列里乌斯继承，帝国西部的统治权则交给君士坦提乌斯。306年，君士坦提乌斯打算穿越不列颠行省，去捍卫麻烦不断的北部边境，但他途经约克时意外去世。军队不承认君士坦提乌斯的副手塞维鲁作为西部新的皇帝，而是支持君士坦提乌斯的儿子，年轻的君士坦丁（见图1）。

图1　君士坦丁的大理石头像（现藏于罗马首都博物馆）

随之而来的是新一轮的内战和冲突，因为不同的派系和军队都瞄准了他们的竞争对手，想要夺取帝国权力。然而，君士坦丁接连清除了这些对手。312年，他从马克西米安的儿子马克森提乌斯手中夺得罗马城，并在米尔维安桥战役中击败后者，从而确保了自己在帝国西部的统治地位。323年，他向东行军，迎战最后一个对手李锡尼。他先是在陆地上，随后于324年又在海上接连两次击败李锡尼。这次海战的不远处是连接欧洲和亚洲的博斯普鲁斯海峡，那里有古希腊人建造的定居点“拜占庭”。

正如我们所知，为了庆祝他的胜利，君士坦丁于次年将这座城市重新命名为“君士坦丁堡，新罗马”。他现在是整个罗马世界的唯一主宰，从他的新城市治理他的帝国。

新的宗教

正如他尊崇众神之父朱庇特的行为所揭示的那样，戴克里先在宗教问题上是个保守派。在统治期间，他大肆迫害他眼中的异教徒。在他看来，帝国范围内的异教徒是令神不悦的根源。其中最受其指责的就是基督徒。他们是帝国犹太臣民祖先信仰的分支和变异的追随者。

基督徒提倡对他们所认为的唯一“真”神的专一崇拜。据称，神的儿子化身为耶稣基督（希腊语的字面意思是“受膏者”）在巴勒斯坦传道。提比略在位时，耶稣被罗马当局抓捕并遭到处决。和犹太人一样，基督徒拒绝献祭帝国崇拜（这是所有帝国臣民必须履行的义务）。

对于有着传统思维方式的罗马人来说，在这方面可以原谅犹太人：他们拒绝献祭有正当理由，因为他们的宗教禁止献祭，并且这是一种非常古老的宗教。犹太人坚持祖先的传统，对保守的罗马人来说，这从根本上讲是美德的体现。然而，基督徒不能提出这样的要求，因为他们信奉的是全新的宗教。对许多罗马人来说，这在措辞上是一个矛盾：宗教，从定义上讲，只有古老的才是真正的。

因此，我们可以想象，当罗马人听到君士坦丁皈依基督教时，必然十分震惊。君士坦丁声称，312年米尔维安桥战役的意外获胜要归功于他的信仰转变。据他后来描述，当时他看到天上显现出一个巨大的十字架，他认为这是神给他的喻示。后来，在进入罗马城时，君士坦丁拒绝在朱庇特神殿的祭坛上献祭，这原本是历任皇帝的惯例。相反，从312年起，他公开宣布支持基督教社团或“教会”，以更大的慷慨偏爱它和它的教士。

君士坦丁的皈依时常被认为过于突兀和难以解释，这一事件完全改变了人类历史进程。然而，在某些方面，君士坦丁接受基督教的做法也许并不像人们想象的那样突然，他对于宗教的看法和许多生活在3世纪的先辈有相似之处。

比如，戴克里先的所作所为表明，3世纪的几位帝国皇帝故意把自己与特定的神或崇拜的对象联系在一起，他们试图利用这些精神力量。传统的罗马宗教是“多神教”（意思是，罗马人相信有许多神）。因此，这些皇帝有大量的神可供选择。

然而，基督教在2世纪至3世纪变得日益流行，不仅因为它和犹太教一样是“一神教”（意思是，基督徒相信只有一个神），而且其形式是“择一神教”（虽然可能有许多神，但是倡导信徒只崇拜唯一的至高无上的真神）。军队中择一神教的做法特别流行，通常他们都崇拜与太阳有关的神，比如光明神密特拉或太阳神索尔（“不可征服的太阳”）。

在3世纪时，随着军人的政治地位不断上升，信奉太阳神为唯一真神的做法已经在罗马帝国的公共宗教生活中变得越来越重要。比如，戴克里先的前任奥勒良和他在西部的继任者君士坦提乌斯一世，都是太阳神索尔的信徒，并且把自己与太阳神联系在一起进行宣传。这一点很重要，因为从很早的时候起，基督教就是在类似的宗教群体中进行传道，其中就包括信奉太阳神索尔的社会圈子；并且使用类似的太阳意象和相关词汇来描述其自身特点，比如在《新约》中，基督被描述为“世界之光”或“白昼之春”。

因此，从多个神中选择太阳神作为信奉对象，这种做法与“一神教”之间的联系非常密切。君士坦丁正是在这样的环境中成长的。考虑到这一点，312年左右，君士坦丁从最初信奉太阳神转为皈依基督教，这种转变可能并非如后人想象的那么富有戏剧性。而且，直到323年，君士坦丁还在为他的“神圣同伴——太阳神索尔”铸造钱币。在君士坦丁堡，他还建了一座自己的雕像，化身为太阳神阿波罗。在公众宣传中，君士坦丁继续使用那些可以吸引非基督教信徒的形式、表达和主题。不过，他很注意分寸，基督徒完全以寓言化的方式来理解这些宣传，不会把他当作“异教徒”。

这很可能是政治实用主义的一种做法：君士坦丁必须小心，不要得罪异教徒，这些人在他的帝国统治阶级中拥有强大的势力，而且他需要后者的合作和支持。另一方面，君士坦丁的公众形象本身所包含的多元信息，很可能准确地传达了皇帝个人宗教信仰的多元本质。与此同时，他对于自己与基督教真神关系的理解，就像东部统治者长期认为的那样：他是神在人间的代表或副手。信奉基督教的朝臣愿意接受这种看法：颇有影响力的东部主教尤西比乌斯甚至就这个问题向皇帝发表过演说。

312年至337年，君士坦丁在这二十五年中始终支持基督教会及其领袖。在他去世之后，他的三个儿子（君士坦斯一世、君士坦丁二世和君士坦提乌斯二世）分割了庞大的帝国，但是都采取了同样的宗教政策。361年，皇帝头衔短暂地落入异教徒朱利安的手中，但他只统治了不到十八个月就死于对波斯人的战争。

于是，在官方层面上，罗马帝国更加公开、更加积极地支持基督教，因为皇帝开始立法，不仅在公共领域（通过建造教堂或禁止公开的异教徒祭祀）转向基督教，而且也介入了家庭领域（试图禁止长期存在的某些行为模式，尤其是涉及婚姻和性的行为，因为基督教会对此持反对态度）。

因此，在罗马帝国的统治阶级中，越来越多的人选择皈依基督教，以博得皇帝的青睐。到4世纪末，基督教已不仅仅是皇帝偏爱的宗教（就像君士坦丁在位时那样），它变成了罗马帝国的官方宗教。

新的政治

正如我们所看到的，君士坦丁以自己的名字重新命名拜占庭，是为了庆祝胜利；但君士坦丁堡的建造不仅仅是为了自我吹嘘。古希腊时期的拜占庭定居点，在某些方面有利于君士坦丁的统治（我们将在第二章中看到，它也有许多劣势），因此他决定在前者的基础上扩建这座城市。

君士坦丁堡横跨海上交通要道，拥有壮美的自然风光。与此同时，它邻近波斯帝国。或许最重要的原因是，在东部建立新的权力基础，为君士坦丁提供了切实有效的政治利益，有助于巩固他的新政权。

除了基督教会和神职人员之外，他在东部缺少支持。他废黜并杀害了李锡尼，这是一位在异教徒和基督徒当中都很受欢迎的皇帝。在东部大城市，对新政权的敌意不断高涨。建造君士坦丁堡的好处就在于，能把皇帝本人从陌生的、具有潜在威胁的政治环境中解脱出来，便于他在自己创造的环境中确立自己在东部的地位。

与此同时，建造君士坦丁堡，并在当地组建新的元老院，这一策略使君士坦丁和他的继住者能够建立一个有利于他们统治的关系网络，一些出身良好并具有重要影响力的地方精英，愿意在新的政治环境中成为他的代表、盟友和支持者。

为了巩固他在东部的政治权力，君士坦丁必须在地方领袖和新的皇室贵族中选拔亲信，具体包括军方“高层”、政府高官，以及那些傲慢的大地主，他们控制着东部**大城市**的议会权力。君士坦丁设法将这些人吸引到君士坦丁堡，让他们加入他的政权。

为了吸引有影响力的大人物来他的新基地，君士坦丁给他们分配了大量土地，让他们在城中建造私人住宅。332年，他还立法规定，这些人可以定期领到面包口粮，而制作这些面包的丰富的谷物供应来自埃及非常富饶的省份，帝国船队横跨地中海航道将其大量运送而来。

君士坦丁堡的建立，以及当地元老院的组建和扩容（尤其是君士坦丁的儿子君士坦提乌斯二世规定，君士坦丁堡元老院的地位与罗马元老院相等）对于新政权的合法化和保持稳定起到了至关重要的作用。

这项政策的目的很明确：设立君士坦丁堡元老院并邀请地方要员加入，从而在宫廷和行省之间建立起真正有效的联系，因为许多人在这些行省拥有土地。这些元老将成为皇帝的“朋友”，帮助他监管“统治之城”以外的帝国领土。350年，以演说知名的政治家忒弥修斯向君士坦提乌斯二世建议：

> 对于皇帝来说，他必须听到很多事情，看到很多事情，同时注意很多事情，他只有两只耳朵、两只眼睛和唯一的躯体……这确实很少。但如果他有许多朋友，他就能像先知一样，看到远方，听到远方发生的事，也将知道远方的情况；他还能像神一样，同时在许多地方生活。

君士坦提乌斯二世（337—361）用不着别人的鼓励：他积极结交“朋友”，甚至把大片优质农田以直接授予或拍卖的方式提供给这些人，以便将他们的利益与自己的政权牢牢绑定。最重要的是，君士坦丁和他的继任者通过一系列的长期政策，把地中海东半部的贵族成员聚集在一起，形成统一的政治共同体。这些人日益认同罗马人的政治身份，接受源自希腊的“高雅文化”，接受基督教信仰。最关键的一点，他们的政治野心集中在君士坦丁堡。正是这种罗马人身份、希腊文化、基督教信仰以及对君士坦丁堡的献身精神的结合（形成于4世纪），最终成为随后一千多年时间里拜占庭及其文明的独特气质。

第二章

“统治之城”君士坦丁堡

展现实力

君士坦丁决定把他新建造的城市作为统治中心，这并没有使君士坦丁堡立即成为东罗马帝国的官方首都。直至4世纪末，帝国的权力中心可能是一直游移的，因为皇帝经常长途旅行，亲自和敌人或竞争对手作战。比如，君士坦丁的儿子、东部领土的继承人君士坦提乌斯二世，大部分时间都待在叙利亚的安提俄克。他在那里协调各方势力，遏制波斯人的进攻。357年，君士坦提乌斯二世还访问了罗马城，当时他明显的专制风格和军事行为给蜂拥而至的围观人群留下了深刻印象。历史学家阿米亚努斯·马塞林努斯记录了皇帝进城仪式的全过程，他的描述集中体现了东部行省长期以来已经习惯的统治风格：“看起来，他打算用武力去征服幼发拉底河流域。军队的标杆分列两旁，为他开路。他本人站在一辆金色的战车上，各种宝石的反光照耀着他，闪烁生辉，就像是当天的第二道曙光。”

到了狄奥多西一世（378—395）统治时期，君士坦丁堡才被赋予东部地区唯一帝国首都的正式地位，同时也永久地成为皇室的居住地。6世纪，查士丁尼皇帝（527—565）在他制定的法律中，将其称为“统治之城”或“众城之首”。然而，从君士坦丁到查士丁尼，历任皇帝都为这座城市的建造花费了大量心血，不断增加建筑规模，使其从曾经的小城镇变成帝国权力的最高舞台。

最初的拜占庭城区，像大多数传统的古希腊城市一样，以东部海边的卫城为中心，俯瞰金角湾。卫城旁边是一个广场，当地的大部分商业活动都集中在这里。还有一个圆形竞技场，用于角斗和其他比赛。

然而，君士坦丁和他的继承人重新调整了城市的发展方向，在卫城以南建造了一批宫殿建筑群，这里成为这座城市的新核心。与宫殿建筑群相邻的是元老院议事厅和圣索菲亚大教堂，这座城市的大部分法律命令都将在教堂内发布。边上还有一个大型的公共浴场（即“宙西普斯浴场”）。最重要的是，还有战车竞技场，皇帝会在那里主持战车比赛，供城市居民娱乐。

所有这些建筑都面向一个大型的公共广场，称为奥古斯都广场。宫殿群、大教堂和竞技场的集中规划，促进了公共活动和私人活动、世俗活动和宗教活动的密切联系，这将决定这座城市未来几个世纪的生活节奏。

奥古斯都广场以西是黄金里程碑，帝国内部的所有距离都根据这块碑的长度来衡量。在这条路的另一边，是被称为“中央道路”的游行路线，这条路线穿过君士坦丁广场（众多点缀着雕像和纪念碑的公共广场之一），一直通向神庙。君士坦丁广场中央矗立着一根斑岩柱，上面有皇帝的铜像。到了神庙位置，这条路一分为二：一条向西北延伸至君士坦丁时期建造的城墙，途经圣使徒教堂，这是君士坦丁专门下令修建的皇室陵墓。西边的那条路把神庙和“金门”连起来，金门是这座城市的正式入口（见地图2）。

这创造了一个新的公共场所，可用于仪式游行（类似于357年君士坦提乌斯二世在罗马的入城仪式），使皇帝及其随行人员

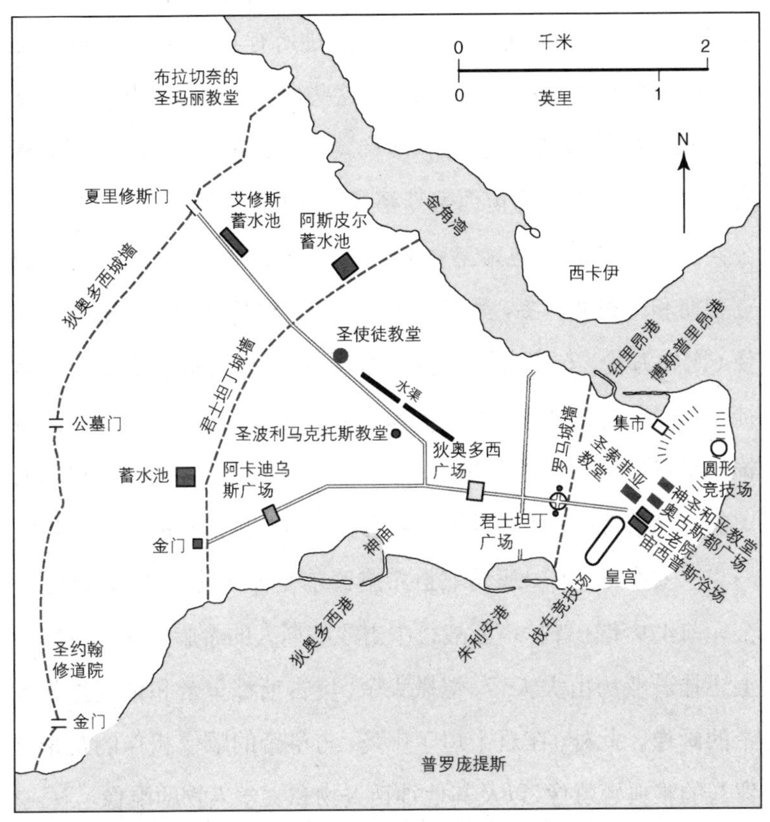

地图2　君士坦丁堡平面图

在展示皇权的同时，还能获得臣民的赞誉和称颂（当然，有时也有抱怨）。君士坦丁堡比罗马帝国的任何其他城市都更适合传递和表现帝国的威势。可以说，它更像是远东和中东地区常见的伟大的“宫殿城市”，而不是希腊或罗马的传统城市形式。

建筑风格方面，君士坦丁堡秉承的主要原则是采用笔直的街道，两侧建有柱廊，并有多个广场沿途点缀。在这方面，它与其他东部城市有许多共同点，比如叙利亚境内的安提俄克、阿帕米亚或巴尔米拉。然而，它有一个特点胜过所有其他城市，那就是在广场和其他公共场所的丰富装饰，这些地方到处都有从整个帝国收集（或洗劫）来的纪念碑和珍稀物品。比如，君士坦丁用大理石和青铜雕塑来装饰宙西普斯浴场（这里不仅可以洗澡，也适合公共演说和辩论），包括三尊阿波罗、三尊阿佛洛狄忒、两尊赫拉克勒斯和一尊波塞冬，另有二十九尊与特洛伊传说相关的人物雕像（比如海伦、安德洛马赫和埃涅阿斯）。还有数量更多的异教徒神像、野生动物和传说中的狮身人面像，君士坦丁用它们来装饰战车竞技场。最重要的是，他在那里放置了两座与军事胜利有关的纪念雕像：一座雕像用于纪念屋大维在阿克提姆海战中击败马克·安东尼，另一座是取自希腊德尔斐神庙的蛇柱，以此纪念公元前479年在普拉塔亚战役中击败波斯人的希腊盟军。竞技场上还挂着亚历山大大帝、恺撒大帝、奥古斯都皇帝和戴克里先皇帝的画像。此外，在君士坦丁广场，与皇帝的雕像相伴的是来自罗马的雅典娜雕像，以及其他神话人物和文学人物的雕像。

个别皇帝还做过零星的尝试，想要给君士坦丁堡增添一些旧罗马城的感觉。狄奥多西一世（他自称是图拉真皇帝的后裔）模仿罗马城的图拉真论坛，建造了一个类似的公共建筑。他的儿子狄奥多西二世（408—450）在君士坦丁堡原有的六座山的基础上，人工堆造了第七座山（以台伯河畔的罗马城作为原型）。从资料中也可以看出，专为贵族建造的房屋模仿了罗马的建筑式样和装饰风格：比如，10世纪的一份材料中提到，这些建造于4世纪的宫殿，“如果你仔细观察门厅、庭院和楼梯，就会发现它们的设计规格和高度与罗马城内的宫殿非常相似。如果你看到宫殿的大门，你会以为自己正身处罗马”。

然而，狄奥多西一世同时还在竞技场里放置了一座来自埃及亚历山大里亚的宏伟方尖碑。随着越来越多的地方豪强来到这座城市，他们也会带来不同地区的建筑式样和艺术品位，这些因素都会让君士坦丁堡已有的折中感觉变得更加明显。

比如，6世纪初，极其富裕的罗马贵族安西亚·尤利安娜在神庙和圣使徒教堂之间建造了她的私人教堂，专门供奉圣波利乌科托斯。就风格而言，这座教堂（现已无存）接近于所罗门神庙的样式，并借鉴了埃及的建筑风格。作为国际政治权力中心，君士坦丁堡在4世纪至6世纪之间所形成的建筑外观确实（这完全符合它的地位）具有世界性。

如果说君士坦丁堡这种建筑风格和艺术风格混合的特征称得上独一无二，那么这座城市的建设者和工匠所采用的某些技术也可谓独特。正如我们所看到的，古希腊的拜占庭定居点所选取的地理位置具有许多自然优势，但也有若干劣势，其中最大的缺点就是，它位于地震断层带，因此容易受到地震的影响。

这足以解释这座城市在建筑方面的古怪之处。比如，和传统的罗马建筑相比，君士坦丁堡建造者采用的灰浆与砖的比例要高得多（普遍达到二比一）。他们还在弧形拱券上继续搭建，有时用陶罐将拱券上方的空间填满。这样的技术使得建筑物在遭遇地震时具有更好的结构弹性，从而能够经受住地震的考验。然而，大量使用灰浆有个副作用，由于灰浆必然使建筑物的外观显得单调乏味，于是拜占庭的工匠、捐赠者和资助人就有理由集中精力，专注于建筑物的内部设计和装饰方案。

君士坦丁堡还有另外两个地理劣势，这给4世纪至6世纪的历任皇帝带来了巨大的麻烦。首先，尽管博斯普鲁斯海峡的潮汐特性使敌人很难通过海路发起进攻，但是君士坦丁堡极易受到来自欧洲方向和色雷斯平原的陆地攻击。特别是，没有任何自然防御系统可以阻挡从多瑙河或克里米亚大草原一侧进犯的敌人。

4世纪末至5世纪初，匈奴的崛起导致北方蛮族部落局势动荡，罗马帝国不得不做出应对。404年至413年间，狄奥多西二世下令建造了一整套包括三个层次（内墙、外墙、护城河）的大型防御工事。这些“狄奥多西城墙”（大部分今天仍然屹立，见图2）代表了罗马军事工程的巅峰，在现代军事技术和火药尚未发明之前，它们称得上坚不可摧。5世纪末至6世纪初，帝国又建造了另一组防御工事（被称为“长城”），不过这些城墙的长度超出预计，政府后来发现缺乏足够的兵力驻守。

图2 君士坦丁堡包含三个层次的狄奥多西城墙

很明显，与最初君士坦丁建造的城墙相比，狄奥多西规划的城墙范围要大得多。做出这一决定的原因之一，是为了适应城市人口的增加。到5世纪初，当地人的居住范围很可能已经超出了君士坦丁规划的城区面积。

然而需要注意的是，在君士坦丁城墙和狄奥多西城墙之间，大部分新增土地从一开始就设定为耕地，其目的是让城市居民在遭遇敌人围困时，能尽量做到自给自足。正常情况下，君士坦丁堡的大部分居民都可以免费领取一定配额的面包、葡萄酒和油料。正如我们此前已提到的，用于制作面包的谷物是从埃及运到君士坦丁堡的（它是东罗马帝国境内农业生产力最高的地区，因此也是帝国的“面包基地”）。

最后，困扰君士坦丁堡的另一个重大地理劣势是供水不足（即便在当代，这个难题依然困扰着伊斯坦布尔）。这座城市及其周边地区，几乎没有适合饮用和洗澡的淡水来源。他们不得不付出巨大的努力，建造一系列大型水渠，蜿蜒穿过色雷斯地区，向西延伸200多公里。

当然，这样的水渠很容易受到攻击（比如在626年，阿瓦尔人在围攻这座城市时，故意切断了瓦伦斯水渠）。历任皇帝试图建造一个由地下蓄水池和露天蓄水池共同组成的供水网络，从而弥补这个缺陷，确保充足的淡水储备。比如，在狄奥多西城墙和君士坦丁城墙之间，先后建造了三个露天蓄水池，总容量接近100万立方米。地下蓄水池同样规模惊人，比如查士丁尼建造的"大教堂蓄水池"（位于战车竞技场和君士坦丁广场之间），至今仍是这座城市最令人惊叹的拜占庭历史遗迹之一。

从建立初期开始，这座城市的地理空间就按照社会阶层差异有着相对清晰的划分。如前所述，贵族的住宅，以及归皇室所有并颁发给皇亲和宠臣的"恩典"住宅，都位于城市西部（狄奥多西城墙和君士坦丁城墙之间的区域更具田园风情，特别适合建造郊区别墅），并且集中在宫殿建筑群周围。

普通民众的住房大都集中在西北部，靠近商业区，边上就是金角湾的纽里昂港，大部分批发商品都是来自这里。4世纪时，城市南部增加了两个大型人工港：朱利安港和狄奥多西港。这些港口的主要用途很可能是为了停泊从埃及到君士坦丁堡的运粮船，港口附近还建造了巨大的仓库来存放粮食。随着城市规模增大，粮食供给变得越发重要。

君士坦丁堡很可能在6世纪初查士丁尼在位时达到了人口峰值，当时城中住着约50万居民。查士丁尼当然会抱怨农村移民给城市带来的问题，并采取了一些措施来控制人口。然而在542年，厄运降临了，这座城市（连同帝国的其他地区）受到腺鼠疫的侵袭，这是有记载的腺鼠疫第一次暴发。当灾难发生时，历史学家普罗柯比恰好在君士坦丁堡，他描述了这场流行病如何在一天之内夺走一万名受害者的生命。他还记录了处理尸体的过程，包括在城墙外挖掘万人坑，以及把部分尸体丢到金角湾的海水里。由于洋流的作用，这些尸体会一直停留在那里，直至腐烂。

这样一来，纽里昂港和商业区附近的幸存者日子就很难过（特别是考虑到，当时的人们认为"糟糕的空气质量"会引发疾病）。因此，从6世纪中叶开始，当地居民逐渐向城市南部迁移，朱利安港成为新的商业中心。考虑到腺鼠疫的影响，这些变化都不足为奇。纽里昂港则变成了海军船坞。直到11世纪，意大利商人通过谈判，获权在那里建立贸易定居点，金角湾才恢复原有的经济地位。

在一系列政治事件的推动下，君士坦丁堡"古城"时期的城市建设也在6世纪进入了最后阶段。正如我们现在所看到的，战车竞技场位于首都的政治中心，来到竞技场观看比赛的热心观众可以分成四个"派系"，其中最受欢迎的两个是蓝派和绿派。

这些派系在城市的礼仪生活中扮演着重要的角色。比如，他们会参加皇室加冕礼，代表“人民”的呼声。他们也有一定的公民责任和义务，比如救火，或在敌人进攻时协助守卫城墙。然而，他们也可能造成极大的破坏，尤其是不时出现的派系之间的武力冲突和暴乱。

普罗柯比在其《秘史》中生动描绘了派系成员无法无天的犯罪行为，包括强奸、绑架、抢劫和谋杀。他还记录了他们古怪的“匈奴式”发型：两边剪短，头顶留长，后面还拖着一条“鲻鱼”辫子。这些派系成员都是年轻人，来自各个阶层，他们的暴乱行为可能具有政治目的（特别是为了换取现金）。

为了应对一再爆发的派系之间的暴乱，532年，查士丁尼皇帝逮捕了蓝绿两个派系的领袖人物。这导致各派系联合起来反对他，引发了更大规模的暴乱。查士丁尼在元老院的反对者也卷入其中，试图利用这次机会来罢黜他。

查士丁尼原本打算逃跑，但性格坚忍的皇后狄奥多拉劝阻了他。狄奥多拉之前曾是一名演员，（痛恨查士丁尼的）普罗柯比形容她像一个爱管闲事的妓女。在皇后的鼓励下，查士丁尼坚定信心，发动军队中的支持者来对抗暴徒。据称，他的支持者在战车竞技场镇压了3万名暴徒。查士丁尼还抓住机会在元老院对付他的敌人，从而巩固了岌岌可危的政权。

这一事件后来被称为“尼卡”暴乱（因为暴徒一直叫喊着“尼卡！”，意思是“征服！”）。它不仅没有罢免皇帝，而且还对首都中心地区的建筑物造成了巨大的破坏：暴徒把圣索菲亚大教堂烧成灰烬，附近的神圣和平教堂与近卫直辖区的办公场所（犯罪记录和同类文档通常收藏在这里），以及位于奥古斯都广场附近的许多政府建筑都化为灰烬。必须强调的是，在尼卡暴乱平息后，查士丁尼抓住机会，在重建城市中心的过程中突出自己的功绩。这尤其体现在圣索菲亚大教堂的重建，查士丁尼做出了大胆的决定（虽然略显草率）。

在暴乱发生之前，查士丁尼已经下令，在宫殿建筑群的南面建造一座新的教堂，专门供奉叙利亚圣徒塞尔吉乌斯和巴克斯。这座教堂原本想为来自叙利亚的僧侣和神职人员提供居所，皇后狄奥多拉是他们的支持者。或许是为了向狄奥多拉的庇护对象表示敬意，并且暗示他们的叙利亚背景，圣塞尔吉乌斯和巴克斯教堂在规划和建造时，在顶部中央位置采用了圆顶设计。因为在叙利亚，传统的教会建筑大多采用圆顶的折中风格。虽然这座教堂的位置略微偏离广场，但它的建筑风格优雅迷人。这一设计理念很可能启发了查士丁尼和他的建筑师，他们决定按照类似风格来重建圣索菲亚大教堂（替代旧建筑的长方形设计），只不过规模更加惊人（见图3）。

和圣塞尔吉乌斯和巴克斯教堂一样，圣索菲亚大教堂也采用圆顶设计。在70米乘76米的矩形平面内，四根硕大的柱子组成一个边长30米的正方形。这些柱子支撑着距离地面20米高的弧形拱券，而这些弧形拱券又共同支撑着直径30米的中央圆顶，顶部距离地面的高度达到52米。除了中心部位的正方形加圆顶设计，教堂的其他地方还有许多内墙和柱子，一方面用于支撑外墙，另一方面也形成了过道和拱廊。

图3　带土耳其尖塔的圣索菲亚大教堂外景

教堂的下层用大理石精心装饰：地面铺着灰色的大理石板，墙壁和柱子镶嵌着五颜六色的大理石。上层的拱廊和过道装饰着经过雕刻的大理石，墙壁则装饰着各式各样的马赛克镶嵌图案，透过彩色玻璃窗照射进来的阳光让这些图案变得色彩斑斓，从而引领人们的视线（和头脑）向上观察，思考神的奥秘。

在查士丁尼的监督下，圣索菲亚大教堂的重建速度非常快：从尼卡暴乱到正式完工仅用了五年时间。这就意味着，工程建设必然是仓促完成的。比如，当时帝国各地的建筑材料都已经被征用，但建筑师依然无法找到充足的、具有同等大小和规格的支柱。这样一来，教堂的外观就略显杂乱，没法做到完全对称。同样，教堂上层的墙壁在装饰时采用了大面积的镶嵌图案，而不是更为精致的镶嵌画，就是因为前者的制作成本更低，完成速度更快。然而，在顶部中央的弧形拱券位置，却装饰着四幅非常生动、非常有感染力的镶嵌画（这些画直到最近才被发现），描绘的内容可能是大天使或类似的神话人物。

然而，无论完成得多么仓促，圣索菲亚大教堂的重建代表着结构工程和照明工程的伟大成就。据说，查士丁尼在新教堂完工时宣称："所罗门，我击败了你！"10世纪，来自斯堪的纳维亚半岛和基辅的斯拉夫人来到君士坦丁堡时，会自愿接受洗礼，信奉皇帝倡导的东正教。他们给出的理由是，在圣索菲亚大教堂，他们相信自己见到了神的真实居所。

中世纪城市

在中世纪的大部分时间里，来到君士坦丁堡的游客所见到的，基本上是查士丁尼留下的城市。在一定程度上，这是因为查士丁尼之后的历任皇帝所拥有的经济资源无法与他相比，因此他们不可能像古代晚期的那些皇帝一样大规模建造城市，同样他们也缺乏雄心壮志。对于中世纪和拜占庭的想象，这座"统治之城"给人的典型印象是其古代晚期留下的两大景观：圣索菲亚大教堂和狄奥多西城墙。事实上，城堡中的圆顶建筑几乎成了这座城市的视觉标志。

在查士丁尼去世后的几年里，城市面貌发生的主要变化是，随着新教堂的大量建造，整个基督教世界的圣徒遗物被大量收集并带到这里，从而强化了这座城市的基督教特色。与此同时，圣母成为君士坦丁堡的保护神。

这一传统很可能起源于5世纪，当时狄奥多西王朝的多位皇后鼓励并推动对圣母玛利亚的崇拜。626年，圣母崇拜达到顶峰。在阿瓦尔人围城期间，许多居民相信圣母玛利亚亲自参与防御战，并奇迹般地拯救了这座城市，使其免受蛮族肆虐。当时，君士坦丁堡牧首特意写了圣歌，表示感谢。

> 献给你，诞下神的人，不可战胜的守护者。你的城市感恩祈祷，将胜利献给你，是你让我们免于受难。幸亏你的威力，才使我们脱离一切危险，让我们在此欢呼：永远的童贞女玛利亚！

7世纪，耶路撒冷陷落，先是被波斯人占领，随后又落入阿拉伯人手中。在那之后，君士坦丁堡开始被想象成“新耶路撒冷”。在阿拉伯军队攻城之前，从圣墓教堂偷偷带出来的真十字架的残片被送到这里（见第三章）。

查士丁尼之后的历任皇帝很少大兴土木，可能也是因为他们不需要这么做。正如我们所看到的，君士坦丁堡的人口很可能在查士丁尼时期达到峰值，总人数在50万左右，当时这座城市还没有遭受腺鼠疫袭击。在随后的两百年里，腺鼠疫周期性复发，导致人口始终处于低位。从8世纪末开始，人口逐渐上升，直到11世纪末和12世纪，科穆宁王朝统治时期，人口才恢复到接近查士丁尼时期的水平。然而到了1204年，第四次十字军东征攻占君士坦丁堡，并洗劫了整座城市。战争带来的破坏，加上14世纪出现的黑死病，导致城市人口再次下降。

我们可以想象人口规模的上下动：在查士丁尼时期和科穆宁王朝，君士坦丁堡的人口达到峰值，在50万左右；在8世纪的伊苏里亚王朝和14世纪的巴列奥略王朝统治下，人口降到谷底，可能在4万至7万之间。在7世纪，帝国失去了对埃及的控制（见第三章），导致粮食运输中断，面包免费配给制也被迫废除。由此引发的粮食供应危机也可能导致人口减少。

当然，有迹象表明，7世纪和8世纪的君士坦丁堡并不是以前的样子。如前所述，626年，阿瓦尔人破坏了瓦伦斯水渠，试图通过这个办法来切断城市供水。直到君士坦丁五世（741—775）统治时期，水渠才得以修复，这表明减少后的供水量足以满足当时的人口需求。另一个细节同样表明人口在减少。542年，查士丁尼被迫下令，将因患腺鼠疫去世的部分居民葬在城墙外的万人坑中，同时将另一部分尸体扔进海里。到了8世纪中叶，被称为“查士丁尼瘟疫”的恶疾最后一次暴发，这次君士坦丁五世下令将死者埋葬在城墙内的墓地里。由此可以推断，当时城内有足够的空间。

然而，君士坦丁五世将死者埋葬在城墙内的决定，也反映了人们对死者态度的改变。古希腊人和古罗马人一心希望生者远离死者：他们认为城邦是生者的居所，墓地才是死者的归宿。不过，基督教崇敬殉难者和迷恋圣徒遗物的做法，逐渐打破了罗马法律和希腊罗马习俗极力维护的生死界限。

同样，从6世纪至8世纪，君士坦丁堡的城市生活也发生了变化，一部分原因是外来的危机（见第三章），另一部分原因则是更广泛的文化变迁过程。在中世纪，君士坦丁堡居民更加注重私人生活和家庭生活。与此同时，在教会的影响下，居民反对在公开场合展示裸体或进行滑稽表演。因此，圆形竞技场和大浴场（比如在尼卡暴乱中遭到破坏的宙西普斯浴场）都停止使用。

古代晚期城市的某些重要的公共广场在中世纪被用作牲畜交易市场，旧集市旁边的罗马圆形竞技场则成了处决犯人的地方，这是对于公共空间的惊人改造。正如第六章所言，居民对艺术的态度发生了变化，古代手工技艺大量失传，这也意味着君士坦丁和他的继承人用于装饰这座城市的雕像，现在开始引起质疑和恐慌，被视为恶魔的化身，而不是高雅文化的象征。

同样，东罗马帝国的中央政府在7世纪和8世纪进行了重组，不再使用近卫直辖区和其他一些政府机构，帝国的行政权力全都集中在皇宫内。但是，基督教和罗马城市的基本轮廓和外观作为查士丁尼的遗赠仍然完好地保存了下来。

如前所述，教会和基督教机构多年来一直影响着君士坦丁堡的城市面貌：即使在最困难的时期，历任皇帝仍然在这座城市中建造和捐赠教堂、修道院和慈善机构。重要的是，大臣和贵族也效仿皇室的善举，建造了他们自己的教堂、修道院和慈善机构（从7世纪开始，皇室贵族实质上更多的是宫廷朝臣或宫廷官吏，因此更倾向于追随和模仿皇室的习惯）。

抛开皇宫内的世界不谈，到10世纪和11世纪，君士坦丁堡的统治权落入了权贵家族和宗教机构手中。许多贵族依然居住在4世纪至6世纪为古代晚期贵族建造的豪宅中，而修道院和教会机构的建立则要感谢皇室和贵族的捐赠。

权贵家族和宗教机构依靠城内的商店和仓库获得大笔收益，他们还在其他行省拥有大量地产，特别是色雷斯、马其顿和小亚细亚西部地区。在组织结构、经济模式，甚至建筑风格方面，贵族和教会都具有相似性（最后一点或许不足为奇，因为许多修道院，比如位于君士坦丁城墙和狄奥多西城墙之间的斯图迪奥斯先驱者圣约翰修道院，最初就是贵族的住宅或别墅）。正如新神学家圣西蒙所言（当时他的听众都是教会成员）：

> 世界是什么？世间万物又是什么？听着！不是金子，不是银子，不是马，也不是骡子，这一切都是为了满足身体的需要，我们也得到了这一切。不是面包，不是肉，不是酒，因为我们也能吃饱喝足。不是房子，不是浴场，不是村庄，不是葡萄园或庄园，因为这些事物教会和修道院也有。

很显然，拜占庭的贵族阶层建立这样的宗教机构，既出于虔诚，又着眼于来世。然而，从其他角度考虑，这种慷慨行为也是有利的。长期以来，罗马和拜占庭贵族一直试图禁止其继承人将财产赠予或出售给家族以外的人，从而确保整个家族不至于彻底没落。然而，罗马和拜占庭的法律使得这一点很难实现：比如，查士丁尼颁布法令，对继承人的此类限制只能持续三代。不过，法律允许贵族以捐赠的方式建立修道院和其他宗教机构，为他们提供有利可图的投资和财产。作为交换条件，这些修道院必须保证他们的后代（永久）享有固定的收入份额。

因此，创建宗教机构的做法在拜占庭很普遍，到了中世纪，君士坦丁堡在物质和制度上均被修道院所控制。造成这一现象的部分原因是，在罗马和拜占庭的法律框架内，这是最接近于当代“信托基金”的制度。捐赠者不仅可以寄托自身灵魂的死后命运，而且可以确保后代子孙的物质生活。对于贵族和教会来说，这是天作之合。

秩序与混乱

中世纪的君士坦丁堡在商业上仍然充满活力，在文化上仍然包罗万象。比如，在12世纪，当人口再次接近查士丁尼时期的峰值时，这座城市借助主要的商业渠道，能够满足自身对于谷物的需求。

同样，尽管在拜占庭人的想象中，“罗马”和“基督教”身份之间逐渐等同，但这座城市仍然居住着大量的犹太人。到了10世纪，这里还有一群穆斯林阿拉伯商人，他们得到许可，拥有自己的清真寺。在11世纪，如前所述，金角湾周边地区成为（来自威尼斯、热那亚、比萨和阿马尔菲的）意大利商人群体的家园，他们随后在拜占庭帝国的经济生活中发挥了重要作用。此外，自7世纪和8世纪起，帝国的许多高级官员有着亚美尼亚和高加索血统。

因此，君士坦丁堡仍然是一个熙熙攘攘的政治权力中心和文化交流中心，这里的人们使用多种语言。拜占庭诗人约翰·策策斯在12世纪中叶这样写道："当我和斯基泰人在一起时，你会发现我是斯基泰人；当我和拉丁人在一起时，你会发现我是拉丁人；当我和其他民族在一起时，我就像是他们当中的一员……我用得体的语言和每个人交流，我知道这才是最好举止的标志。"

在策策斯写作的年代，君士坦丁堡经历了一些变化。首先，建立意大利贸易定居点，这有助于复兴这座城市在6世纪陷入经济衰退的一个城区。其次，在科穆宁王朝的统治时期，皇室很少使用竞技场的旧宫殿建筑群，而是搬到了西北部布拉切奈区的另一座宫殿。这里靠近城墙，因此在军事危险不断增加的时候，皇帝可以加强对城市防御的监督。

在拜占庭帝国的意识形态中，皇帝必须维持秩序，确保他的帝国就像上帝治理的宇宙一样秩序井然。其中，最具挑战性的任务就是管理帝国的首都，那里的人口似乎总是处于失控的边缘。

正如我们所看到的，在查士丁尼时代，皇帝必须应对来自农村的大规模移民问题和派系之间的暴力冲突。他制定的法律表明，他试图规范城市生活中更糟糕的一面：打击那些用鞋子和高档食品引诱农村女孩进入大城市的人口贩子；立法反对同性恋行为；禁止演员和妓女打扮成僧侣、牧师和修女的样子来取悦他们的观众和客户。

令人震惊的是，在查士丁尼时期，已知的唯一因同性恋行为受到惩罚的一类人是主教。而且，根据普罗柯比的记载，居住在该市的北非神职人员因为与妓女交往被抓。很显然，这座城市并不像官方宣扬的那么“神圣”，也不像建造修道院行为暗示的那么虔诚。

在查士丁尼之后的时代，这座城市的民众道德水平并没有得到改善。比如，伊斯坦布尔考古博物馆收藏的一件双面浮雕可以追溯到11世纪左右，上面的雕像似乎是一只脖子上戴着链子的熊和一个戴着狗面具的裸体男子。谁下令制作了这件浮雕？出于什么目的？这些问题依然没有确切答案。无论如何，这样的造型十分诡异。

宫廷中也有糟糕的行为。拜占庭人（和他们之前的古罗马人一样）喜欢用小丑来逗乐，这些小丑只戴一顶软帽，通常拿着两根棍子。他们会暴露并摇摆自己的臀部，用来娱乐他人。据一位（怀有敌意的）消息人士称，行为放荡的皇帝米哈伊尔三世（842—867，绰号“醉鬼”）身边就有一个这样的小丑。他让小丑打扮成君士坦丁堡牧首的样子，坐在王座旁。此时他的母亲狄奥多拉走进房间，在皇帝面前跪下，并请牧首代她祈祷。面对这位虔诚的寡妇，小丑用古怪的方式做出回应。他转过身，屁股对着她，“从他肮脏的肠子里发出了驴一样的响声”。

城市居民依旧不时发动暴乱。比如，针对意大利商人的1182年暴乱，对于科穆宁王朝与西方各国的关系造成了致命伤害。确保充足的食物和供给仍然是关键，只有这样才能带给人民幸福，并且将他们团结起来支持执政的皇帝。

比如，牧首尼基弗鲁斯就曾贬低8世纪的皇帝君士坦丁五世（741—775），因为后者反对宗教绘像或“圣像”。他抱怨说，虽然老百姓认为后者执政时期物产丰富，食品廉价，其实那个时代经历了“瘟疫、地震、流星、饥荒和内战”。在他看来，“这些完全没有头脑的低等动物大肆吹嘘那些‘幸福的日子’，他们说当时物产富足”。这样的人能指望什么呢？

> 他们中的大多数人甚至不知道字母表中各个字母的名字，却鄙视和辱骂那些重视教育的人。他们中最粗暴、最鲁莽的人甚至缺少生活必需品，每天都吃不饱饭，只能在偏僻简陋的巷子里游荡。

令人震惊的是，在7世纪和8世纪拜占庭政府的机构重组中，只有少数职位没有废除（甚至没有大幅改革）。其中之一就是君士坦丁堡的市政长官，他的职责是维持城市秩序，同时监督粮食供应，并管理君士坦丁堡经济的“制高点”。

在9世纪末或10世纪初问世的《市政手册》中，这一点表现得尤为清楚。该手册中有一套指导意见，供市政长官参考，内容涉及对君士坦丁堡各类行会的管理，后者负责处理或生产食品，提供商业服务和货币，以及供应宫廷仪式所需的物品。

因此，我们可以找到管理商人的各项规定，涉及面包商、杂货商、鱼贩、家用纺织品或来自东方穆斯林地区的进口纺织品的经销商、香料商、肥皂和蜡的经销商、熏香推销商以及各种肉类贩卖商。另外，有些规定还涉及法律公证人、银行家和从事货币兑换的中间商。这里列出的只是帝国政府特别关心的行业，他们对此进行积极的监督和控制。不难想象，在这些行业之外，还有更多的、基本上不受监管的商业活动。

此外有证据表明，来自帝国各地的牲畜和其他商品（如木材）会被运送到君士坦丁堡的市场。甚至宫廷的仪式节奏也进行了调整，与城市食物供应的节奏保持一致。10世纪问世的一部被称为《礼典》的皇室仪式汇编，记载了皇帝及其随行人员穿过纵横交错的城市道路，正式视察战备粮仓时应遵循的礼节。

这座城市的粮食供应必须做到万无一失，杜绝任何偶然因素，并且由皇帝亲自监督。据《礼典》记载："检验官要紧跟在皇帝后面，如果皇帝想知道是否真的有这么多粮食储存在仓库里，检验官应听从命令，测算皇帝视察的任何仓库，并且告诉他真相。"只有当皇帝完全放心后，出巡队伍才能继续前进。

第三章

从古代到中世纪

控制危机

4世纪末，罗马帝国被分成两部分：东罗马帝国（包括希腊、小亚细亚和安纳托利亚、叙利亚、巴勒斯坦和埃及）和西罗马帝国（包括意大利、高卢、英国、伊比利亚半岛和非洲），分界线贯穿了巴尔干半岛上的伊利里库姆行省。两个帝国在很大程度上是相互独立的，分别听从各自的统治者。

然而，在5世纪初，整个帝国受到来自莱茵河和多瑙河以北的匈奴人和多个日耳曼部落的持续军事压力。帝国的西部行省首当其冲，遭受蛮族入侵，并逐渐失去与帝国中央政府的联系。因此，到470年代初期，西罗马帝国已经失去了对意大利以外领土的实际控制。

476年，西罗马帝国的末代皇帝罗慕路斯·奥古斯都路斯（又称“小奥古斯都”）被哥特人奥多亚克废黜，后者还写信给君士坦丁堡，通知东罗马帝国，现在西方不再需要皇帝了。

因此，在5世纪末，意大利、西班牙、高卢和非洲等地分别出现了哥特人、法兰克人、勃艮第人和汪达尔人建立的自治王国，并取代罗马帝国在地中海周边地区的统一霸权。就连罗马城本身，也不在帝国的掌控之中。

一些地区的领导人（比如，萨伏伊地区的勃艮第人）假装顺从，承认君士坦丁堡的东罗马帝国皇帝具有至高无上的帝国宗主权。但另一些政权，比如汪达尔人，则公然藐视帝国，坚决反对东罗马帝国皇帝具有普遍权威，他们还在自己的领地采取一种类似于帝国官方的统治方式。比如，在西班牙和高卢南部，哥特王国（在罗马朝臣的协助下）开始修订和更新罗马法关于财产和其他敏感问题的内容，从而侵犯了一直被视为帝国特权的某些权力。

雪上加霜的是，哥特人和汪达尔人还拒绝接受帝国官方认可的关于基督教信仰的相关界定。在君士坦丁时代，基督教团体一直被神学争论所困扰。因此，325年，君士坦丁在尼西亚城召开教会的第一次全体会议（又称"大公会议"），既是为了解决与教会治理有关的问题，也是为了化解主要的神学争议，即在圣父、圣子、圣灵"三位一体"的范围内，圣父和圣子是否一直都是平等共存。381年，狄奥多西一世又召开了一次会议，试图澄清同一问题。

这些会议谴责了4世纪来自亚历山大里亚的一位名叫阿里乌的教士，因为他主张圣父至高无上。那些蛮族则反过来支持阿里乌，因为他们初次聆听福音时，阿里乌的神学正好占据优势。这样一来，教义立场导致这些蛮族进一步远离君士坦丁堡。

因此，罗马帝国统治在西部的消亡和多个后罗马帝国继承王国的出现，直接挑战了君士坦丁堡的东罗马帝国皇帝的权威；而他声称自己是奥古斯都的唯一继承人，对历史上罗马帝国的全部领土拥有合法管辖权。6世纪初，在君士坦丁堡的帝国政府中，依然有人坚持这一点。理论上，皇帝可以主张普遍权威；但事实上，他对原罗马帝国的部分领土已经失去了控制，这样的反差激发了关于帝国统治性质的大量政治投机和争论。

与此同时，一些外部威胁开始浮现，加剧了6世纪初君士坦丁堡的政治紧张局势。原本在5世纪的时候，东罗马帝国与波斯帝国建立了和平关系。两大帝国的统治者都感受到匈奴人的威胁，因此他们选择合作，共同对付夹在两国中间的蛮族。或许正是与波斯的和平协议，使东罗马帝国得以克服5世纪的危机。

然而，两大帝国在6世纪初再次爆发战争。502年，波斯人对罗马帝国控制的叙利亚地区发起进攻，君士坦丁堡方面认为这是对帝国的无端挑衅。虽然经过劝说，波斯人最终接受撤军以换取贡品，但战争的高昂代价使得帝国东部各行省的许多居民以及在那里拥有土地的利益各方，包括君士坦丁堡元老院的重要成员，都深感忧虑。以元老院为纽带，叙利亚边境地区薄弱的军事防御能力对首都的政治格局产生了深远的影响。

与波斯之间重启战争，也给帝国带来了其他更深远的影响。因为这意味着皇帝别无选择，只能提升帝国的军事能力和基础防御设施。这些改造都需要资金，而资金意味着征税（例如，据估计，某地的罗马军队接收了罗马国家所征集税收总额的二分之一至三分之二）。

然而，自4世纪中叶以来，罗马帝国的历任皇帝发现征税的难度越来越大。第一章已经提到，4世纪时在整个罗马帝国的控制范围内出现了一个新的皇室贵族阶层，这些贵族掌握着国家的高级职位，并且大量占有土地，将自己的势力拓展到地方社会。尽管从财政角度看，他们的庄园具有较高的生产率，有助于推动经济增长，但随后的历史证明，对于帝国统治来说，这是非常糟糕的发展趋势。

在罗马帝国晚期，征税对象主要是土地和耕种土地的农民，新贵族的崛起意味着越来越多的土地正变成私人财产，土地所有者凭借自身的政治地位和社会关系，完全有能力逃避其财产应纳的税（以及他们通常所承担征集的税）。

从4世纪末开始，土地所有者的逃税行为开始引起历任皇帝的高度关注。他们担心这些官员是否会藐视帝国法律的其他方面，并且是否有能力发起反抗，比如，收买帝国军队，把军队变成自己的私人武装，用于保护财产安全。或者，在自己的庄园内非法建造监狱，用于恐吓和欺骗他们的劳动力。6世纪初，与波斯帝国战火重启，迫使帝国政府想办法解决这个问题，他们要求各行省严格遵从皇帝的令状和他颁布的各项法律。

另一个变化也导致皇帝的权威遭到削弱。381年，君士坦丁堡大公会议终结了教会内部关于“三位一体”的神学争论。接下来，神学家和教士开始讨论耶稣基督的人性与神性的关系，因为耶稣被认为既是肉胎凡人，又是神圣之体。5世纪早期，君士坦丁堡牧首聂斯脱里提出，玛利亚（当时她刚成为这座城市的守护神）不应该被称为“圣母”，因为她只是生下了凡人耶稣。

因为他的异端主张，聂斯脱里的牧首之位被罢黜。但在叙利亚、埃及和其他地区的教会中，他的对手（以亚历山大里亚牧首西里尔为首）认为，451年在卡尔西顿大公会议上所确立的关于耶稣个人事迹的教义，让那些一心想要区分耶稣的人性与神性的异端分子有太多的空子可钻，因此他们拒绝接受原先的教义。然而，大公会议做出的决定等同于帝国法律。因此，否定原先的教义不仅是神学争论，同时也是违抗皇帝意志的表现。

查士丁尼时期是拜占庭历史发展的分界线。在他执政初期，对于皇帝权威的每一次挑战，他都会坚决予以回应。527年至544年间，他发起的一系列改革必须被视作整体。就像圣索菲亚大教堂（这是他留给君士坦丁堡的气势雄伟的纪念性建筑）的圆顶结构一样，重申皇帝权威的做法需要一系列政策的支持，涉及宗教、法律、行省管理、财政、帝国意识形态等多个领域。

查士丁尼的首要任务是重申帝国有权管控民众的宗教生活。528年至529年，刚成为皇帝的查士丁尼签发了第一批法令，其中就包括对上层社会中的异教徒以及异端分子和同性恋者进行严厉打击。532年，查士丁尼试图协调教会内部关于是否支持卡尔西顿大公会议的派系之争，随后他多次做过类似的尝试。这些做法具有两个目的：一个是通过真诚的努力，确立所有人都可以赞同的神学立场；另一个是惩罚和排斥那些带头反抗帝国权威的主教，不留任何情面。

与此同时，查士丁尼想要在意识形态方面找到合理的借口，以便他干预民众的宗教生活。和他之前的任何一位皇帝相比，查士丁尼都更加看重皇帝和祭司的权威，并且认为这种权威来自共同的神圣渊源。皇室仪式中的宗教氛围越来越浓厚，强调皇帝同时掌握神圣权力和世俗权力的独特地位。

查士丁尼不仅试图将皇帝置于民众宗教生活的核心位置，而且也强调皇帝对于政府的世俗架构拥有控制权。528年至534年间，查士丁尼命令一批顾问进行改革，并编纂帝国的民法典。他们对原先的法律框架进行改造，使其适应新的需求。在罗马帝国的历史上，皇帝首次被确立为唯一的法律渊源。查士丁尼下令称，皇帝本人就是“法律的化身”。

在帝国形成新的法律框架之后，查士丁尼于535年启动了新的改革，试图使民众寻求法律援助变得更加方便。此外，535年至539年间，查士丁尼通过立法，确定了至少17个行省的行政和管理架构，这样做的目的是避免贵族地主对总督进行花言巧语的诱惑和贿赂，从而确保完成至关重要的征税工作。539年，他向埃及行省发布政令，宣称市议员、土地所有者和帝国官员的逃税行为已经威胁到“我们国家的凝聚力”。

此类协调一致的系列改革必然会引起内部的强烈反对，尤其是那些贵族利益集团，他们不愿意看到一个推行强势统治的皇帝。532年，发生了尼卡暴乱（见第二章），这是不满情绪的第一次发泄，也是最激烈的一次。皇帝下令，在这座城市的战车竞技场里，以大屠杀的方式实施镇压。

与此同时，查士丁尼对东、北、西三面的敌人采取了咄咄逼人的姿态。他投入大量资金，用于加强波斯边境和巴尔干地区的基础防御设施，并试图扩大帝国在高加索和阿拉伯地区的影响力，利用传教和皈依，以及补贴和武力，吸引当地人逐渐成为君士坦丁堡的盟友。

在军事上，查士丁尼最关注的是帝国的东部和北部边境。不过，在530年代，他试图利用北非汪达尔王国和意大利东哥特政权的内部混乱，恢复罗马帝国对原有领土的直接统治。在许多方面，有点像圣索菲亚大教堂的重建，这些军事行动所付出的代价都很小：只有大约1.5万人被派往北非；同样，在漫长的意大利战役中，参战的军队人数不会超过3万人。

尽管如此，恢复西部领土的尝试取得了成功。533年至534年，查士丁尼收复北非。535年至553年间，他又征服了意大利。到了550年代初期，查士丁尼的军队甚至能在西班牙南部建立据点。在很大程度上，这些胜利恢复了帝国在地中海中部和西部的政治、意识形态和军事统治（见地图3）。

然而，从540年代开始，查士丁尼变得情绪低落，进取心和自信心远不如此前十四年。其中有许多原因。首先，尽管他对波斯采取强势态度，萨珊王朝的军队仍然有能力攻破帝国的东部防御工事。540年，波斯国王霍斯劳一世成功绕开美索不达米亚的防御工事，将安提俄克洗劫一空。这一事件给史学家普罗柯比留下了深刻印象。当他试图记录这场灾难时，他“觉得头晕目眩”。

其次，在550年代后期，有一个强大的游牧民族为了逃离欧亚大草原上的政治矛盾和军事冲突，迁移到多瑙河以北，从而削弱了帝国对于巴尔干半岛的控制。由于西突厥帝国的势力向高加索北部和黑海地区扩张，阿瓦尔人被迫向西迁移，来到了多瑙河

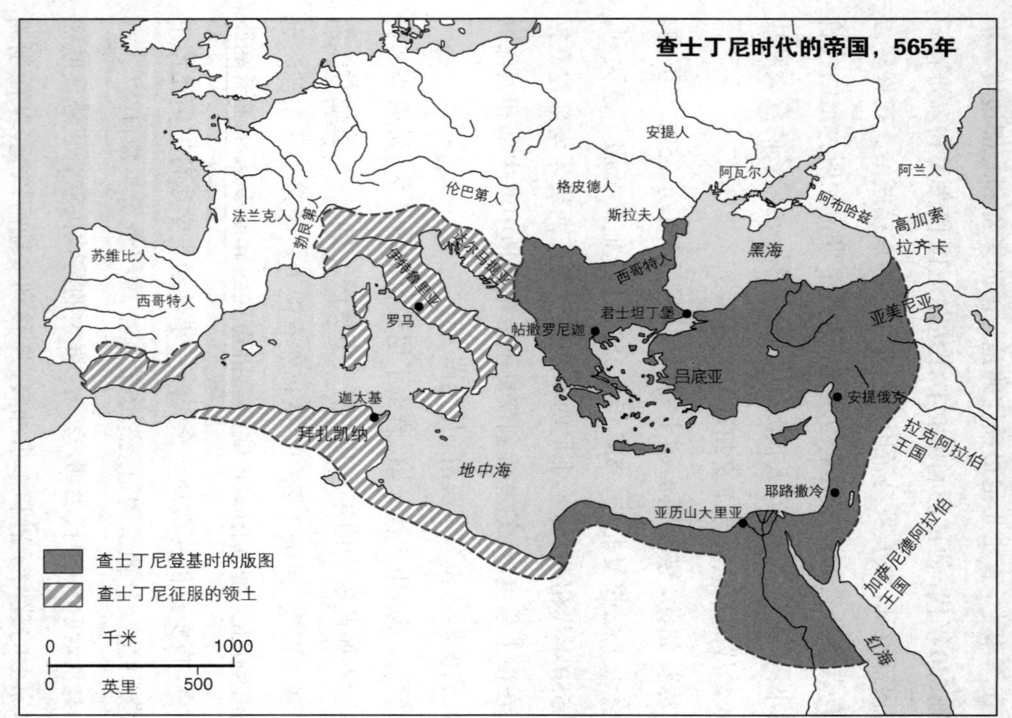

地图3　查士丁尼时代的帝国（565年）

流域。起初，查士丁尼成功地将阿瓦尔人纳入他的部落政策，但他们的到来预示着未来的冲突。

或许更关键的因素是，查士丁尼推行的内政、财政和宗教政策开始动摇。教会内部意识到，关于卡尔西顿大公会议的争论可以说无法解决。553年，在君士坦丁堡第二次大公会议上，神学家勉强拿出一个方案，这个方案本应解决各方共同关心的问题。然而，到了这一阶段，关于卡尔西顿大公会议的争论已经在与会者的头脑中根深蒂固，很少有人还想在教会内部恢复和平。

但最重要的是，正如我们在第二章中所看到的，在540年代，随着腺鼠疫逐渐扩散，帝国受到了沉重的打击。这次腺鼠疫源于中非，541年首次通过红海到达帝国。疫情很快从埃及发展到君士坦丁堡、巴勒斯坦、叙利亚、小亚细亚、巴尔干、北非和意大利。帝国的城市和农村腹地都受到疾病的严重影响，在初次重创之后，还有过多次复发。帝国人口可能减少了三分之一。这不仅意味着民众要遭受许多苦难，而且大幅度减少了国家迫切需要的纳税人的数量。这反过来又导致了行政瘫痪，查士丁尼推行的行省改革不得不停止，甚至退回原先的管理模式。

565年，查士丁尼去世。宫廷诗人科里普斯这样写道："他的逝世产生了惊人的影响，这清楚地表明他已经征服了世界。在众人的悲叹声中，他那虔诚的面容似乎流露出独有的欣喜。"随后的历任皇帝不可能忘记查士丁尼（见图4），正如中世纪的君士坦丁堡少不了他下令建造的纪念性建筑。不过，查士丁尼虽然制定了宏伟蓝图，但他的设想最终没能实现。他给继任者查士丁二世

图4　意大利拉文纳市圣维塔莱教堂的查士丁尼皇帝镶嵌画（6世纪）

（565—574）留下了一个版图更大的帝国，但是很明显，这个帝国比之前更加脆弱，财政也不稳定。

希拉克略与神圣战争

在很大程度上，不稳定的财政收入削弱了查士丁尼之后的几位皇帝的统治，导致他们无法满足日益紧迫的军事需要。查士丁二世在登基时宣布，他“发现国库背负许多债务，已完全耗尽”。因此，皇帝不愿意继续提供补助，或者说，已经无能为力。此前，帝国正是靠着这些补助在阿拉伯北部得到盟友的支持，后来又在巴尔干地区拉拢了阿瓦尔人。

阿瓦尔人在多瑙河以北地区确立了统治地位，这使得查士丁尼“分而治之”的政策失去了应有效果。斯拉夫人和伦巴第人都试图摆脱阿瓦尔人的控制，他们分别进入巴尔干半岛和意大利。568年至572年间，意大利北部的大部分地区落入伦巴第人手中。在580年代，巴尔干地区从帖撒罗尼迦到雅典的一些城市遭受了阿瓦尔人和斯拉夫人的多次袭击，阿瓦尔人集中在北部平原，斯拉夫人则利用山区高地和森林覆盖的优势，向更远的南方进攻并定居下来。随着军事压力不断增加，帝国的财政危机加剧。588年，军饷削减了25%，导致东部边境发生大规模兵变。

602年，帝国军队在多瑙河以北地区对抗斯拉夫人。莫里斯皇帝（581—602）命令军队继续战斗到冬天。由于削减军饷，皇帝在军中已经失去人心，在一位名叫福卡斯的军官领导下，多瑙河地区的军队公开叛乱。他们向君士坦丁堡进军，杀死莫里斯及其家人，并将福卡斯推上皇位。这是自君士坦丁之后，第一次取得成功的军事政变。

随着莫里斯的垮台和福卡斯（602—610）的上位，帝国经历了一场持续多年的内战。波斯国王霍斯劳二世抓住这个机会，攻入高加索和叙利亚的腹地，占领了帝国的大片领土。到610年，波斯军队已到达幼发拉底河。到611年，他们进入安纳托利亚。拜占庭内部的政治动荡促成了波斯帝国上述戏剧性的胜利。610年，非洲总督的儿子希拉克略率领舰队来到首都，意图推翻福卡斯。皇帝的支持者很快就抛弃了他，希拉克略（610—641）于是成为新的皇帝。

波斯人抓住这个机会，彻底征服了叙利亚和巴勒斯坦。613年，大马士革沦陷。614年，波斯军队攻入耶路撒冷。在一场大规模的屠杀中，真十字架的残片被收缴并送往波斯。615年，吓破胆的君士坦丁堡元老院愿意求和。一个高级使团前去觐见霍斯劳二世，他们称后者为"至尊皇帝"，并且将希拉克略称为后者"忠诚的儿子，一切事务随时听候差遣"。元老院承认，波斯帝国的地位高于罗马帝国，波斯国王是罗马皇帝的庇护人。霍斯劳二世的回答直截了当。整个使团都被处决，没有仁慈可言。波斯帝国决心消灭它的老对手。

波斯人向埃及发起攻击。619年，亚历山大里亚沦陷，不到一年，整个行省几乎都落入波斯人手中。接下来，波斯人要做的事就是攻入安纳托利亚，然后前往君士坦丁堡。波斯人正在对拜占庭帝国剩余的领土施加无情的压力。希拉克略面临着严峻的选择：要么等待波斯人加强控制，然后被动防御；要么大胆出击，与敌人正面决战。希拉克略选择了后者。

615年至622年间，希拉克略制定了一系列措施来应对危机，旨在最大限度地利用他手中的资源。官员工资和军饷减半，政府机构推行改革。教会的金饰和银盘都被收走，城市的财富也被榨干。这些资金被集中起来，用来与西部的阿瓦尔人达成和平协议，并争取外高加索地区和被占领地区的基督教民众的支持。教会也利用宗教宣传来帮忙，他们强调耶路撒冷沦陷后的恐怖屠戮，并利用了当时民众普遍相信的末日论。与此同时，皇帝开始组织一支训练有素的步兵部队，这些军人精通游击战，并且是狂热的宗教信徒。由此，基督教对抗波斯异教徒的“神圣战争”概念正式形成。

如果在开阔地带与占据优势的波斯军队交战，没有任何获胜希望。希拉克略意识到，最大的希望是率军北上，到达高加索高地。在那里，他可以请求当地的基督教公国增援，并且那里的地形有利于小型的、高度机动的军队，他们有可能凭借战术击败人数占优的敌人。

624年，希拉克略离开君士坦丁堡。罗马军队沿着幼发拉底河一路向北，进入波斯控制下的亚美尼亚，沿途破坏了许多城市，并摧毁了位于塔赫特苏莱曼的琐罗亚斯德教的火神庙，以此报复波斯人屠杀耶路撒冷基督徒的行为。此后不久，希拉克略向当地的基督教贵族发出召唤，同时派遣使团，联系高加索北部的突厥人，试图与强大的草原势力协商结盟。

波斯人多次想把希拉克略困在高加索山脉，但没能成功。

626年，波斯人试图联合阿瓦尔人向君士坦丁堡发动攻击，引诱他出来。然而，正如第二章所提到的，阿瓦尔人失败了（据说是由于圣母玛利亚对这座城市的庇护）。而且，希拉克略也没有上当，而是继续在高加索地区寻找盟友。

希拉克略决定与突厥人结盟。627年，罗马和突厥联合军队攻入高加索与里海之间的区域，摧毁了波斯北部的防御工事，接着又向南挺进，来到波斯腹地的扎格罗斯山脉。突厥人随后返回北方，但希拉克略继续推进，来到波斯帝国的首都泰西封。他仿效霍斯劳二世在小亚细亚采取的“焦土”战术，将泰西封周围的富裕庄园和城镇都夷为平地。

在泰西封的军队和宫廷内部，恐慌开始蔓延。628年3月24日，希拉克略得到消息，说霍斯劳二世在政变中被废黜，并且已经死亡。在随后的谈判中，波斯方面答应将真十字架送回耶路撒冷，并且恢复罗马帝国对近东地区的控制。派往君士坦丁堡报喜的使者这样说道：“上帝的敌人、傲慢的霍斯劳已经灭亡。他倒在地上，埋在地下深处，关于他的记忆已彻底抹去。”

重建与崩溃

东罗马帝国就这样恢复了，至少在某种程度上得到了恢复。比如，帝国把力量集中在东部，导致其在巴尔干半岛的地位进一步削弱。虽然在626年战败后，阿瓦尔人的军事联盟已不复存在，但是越来越多的斯拉夫人来到巴尔干半岛，他们的定居点先是在高地，后来又拓展到低地。

战争开支耗尽了安纳托利亚和小亚细亚地区的城市财富。在波斯人的进攻下，许多城市毁于战乱。在叙利亚、巴勒斯坦和埃及，帝国在很大程度上对于这些地区只有名义上的控制。长期以来的行政管理模式已被推翻，需要花时间才能恢复。然而，在恢复之前，帝国必须先应对新的挑战，它与阿拉伯帝国之间有着漫长的边境，并且防御能力非常弱。

罗马帝国和波斯帝国在6世纪和7世纪初期的冲突，迫使它们在军事和外交方面都必须与南方的阿拉伯部落打交道。两大帝国的介入引发了阿拉伯社会的内部动荡，一些历史学家称之为“本土主义反抗”。阿拉伯部落联合起来反对外部势力干涉，同时某些适当的信条和思想也被引入阿拉伯社会，在这个过程中形成了一种自发的宗教和政治认同。

比如，基督教传教士和犹太人告诉阿拉伯人，他们是以实玛利的后裔。根据《圣经》记载，以实玛利是先知亚伯拉罕的长子，但是被亚伯拉罕赶出了家门，最后被迫进入沙漠生活。另外他们还得知，世界正处于末日，神圣的审判即将来临。这些思想，以及更为异端的其他思想，在阿拉伯人当中不断融合。历史发展将证明，这里是培育新的信仰体系和新的政治派别的沃土。

在620年代，阿拉伯部落在一位宗教领袖的率领下团结起来，这个来自麦加的领袖就是穆罕默德（“圣者”）。他宣扬严格的一神论教义，他的思想深受当时基督教末日思潮的影响，同时也受到当地犹太人的救世主信仰的强烈影响。

他声称，神圣的审判确实迫在眉睫，所有人都要服从真神的旨意。尤其是，所有阿拉伯人都要抛开他们继承的宗教传统和政治对抗，接受新的信仰。作为回报，穆罕默德宣称，作为亚伯拉罕长子以实玛利的后裔，上帝将给予阿拉伯人对圣地的永久控制权，因为这是他对亚伯拉罕和他的后裔的许诺。或许是受到希拉克略与霍斯劳二世所使用的宣传策略的影响，穆罕默德也声称，要以神圣战争为手段，实现回归圣地的目的。

据说穆罕默德于632年左右去世，但他的信条得以一直延续下去，他建立的信徒团体（被称为“乌玛”）迅速填补了阿拉伯北部、叙利亚南部和伊拉克南部的权力真空，因为两大帝国在这些地区的控制力严重削弱，在阿拉伯部落内的势力也不复存在。

从633年或634年开始，罗马帝国控制下的巴勒斯坦地区遭到野蛮的阿拉伯人多次入侵，他们屠杀农村人口，并且攻击城镇。虽然阿拉伯军队规模很小，但是帝国当局显然没有能力进行有效的抵抗。关于阿拉伯人的确切情报很有限，而且阿拉伯军队的迅速推进使帝国部队来不及重新部署。

面对这样的局面，外约旦、巴勒斯坦和叙利亚的一些城市干脆投降：大约在635年年底，阿拉伯人占领了耶路撒冷（也有许多人认为实际占领时间要晚于635年），而在636年，他们又在约旦北部的亚尔木克河附近击败了一支大规模的罗马军队，这是一次决定性的胜利。此后，随着罗马军队一路败退，阿拉伯人追击到埃及，并且迅速征服沿途地区。罗马帝国反应软弱，导致入侵者向更远的地方发动进攻，波斯人很快就受到阿拉伯人的冲击。到656年，波斯帝国已不复存在。

只有当他们被迫返回安纳托利亚和小亚细亚时，东罗马帝国的指挥官才勉强能够阻止敌人继续前进。7世纪初的内乱和绵延多年的与波斯的战争造成了持久的破坏。641年，希拉克略去世，帝国再次崩溃。东罗马拜占庭帝国现在面临着第二次生存斗争，这场危机贯穿了它的早期中世纪史。

古代世界的终结

伊斯兰教作为一种宗教，阿拉伯人作为一个民族，它们本身就是古代晚期的产物，特别是东罗马帝国和波斯帝国日益激烈的竞争在阿拉伯北部地区造就的政治和宗教格局的产物。然而，7世纪初的阿拉伯人将东罗马帝国和波斯帝国的政治影响力一扫而空，有效地摧毁了古代世界。

在640年代，东罗马帝国的政治、军事和人口实力均大幅削弱（导致人口骤降的原因是反复发作的腺鼠疫），整个帝国陷入困境。哪怕在新兴的伊斯兰帝国内部爆发了两次流血冲突和内战，君士坦斯二世（641—668）和查士丁尼二世（685—695和705—711）也无力抓住机会来驱逐敌人。然而，与波斯帝国不同的是，拜占庭帝国最终幸存下来，而这在很大程度上得益于其卓越的治国之道。

查士丁尼和希拉克略的统治已经表明，东罗马帝国在政治和文化方面具有相当大的创造力。比如，查士丁尼的法律改革和干预有助于发展和形成基督教的正统教义，有效地改造帝国的行政机构，并且打破了民众与教会之间的隔阂。就其目的而言，他领导的是一个与宗教信仰密切关联的国家，宗教和政治身份融为一体。希拉克略提出的“神圣战争”修辞将这一点提升到了更高层次，从而对现实产生了更大影响。

比如，正是在希拉克略的统治下，在他的手下精心制作的宣传中，君士坦丁堡第一次被视为新耶路撒冷，帝国虔诚的公民则是新以色列人。皇帝用希腊语称自己为“巴西琉斯”，希腊语《圣经》中用这个词来称呼《旧约》中的国王。与此同时，希拉克略在位期间，拜占庭帝国在军事和战略思维方面表现出非凡的创造力和胆识，他们对波斯人采取游击战术，并且与欧亚草原西部地区占主导地位的游牧民族结盟，从而实现了帝国生存所需的“大战略”。

7世纪和8世纪，在希拉克略的继任者统治时期，这种创造力变得更加突出，此前兴起的趋势成为定局。比如，在查士丁尼二世推动的官方宣传中，拜占庭即新以色列的说法被当作重点。他还下令铸造金币，上面刻有“万王之王”耶稣基督的头像（见图5）。由此，不难看出，在他统治时期，罗马人和基督教这两种身份的融合得到了强有力的表达。

值得一提的是，这个阶段的多位皇帝推行了针对行政体制的根本性变革：罗马帝国晚期的一些国家机构，比如东部的近卫直辖区，原本是帝国高度依赖的，现在被彻底放弃。同样废除的还有旧罗马军队的军团制及其相应的供给制度。作为替代，军队按照新的单位来划分，通常称之为“军区”。军人的收入包括两部分：一部分是现金工资，另一部分是军人家属可以耕种的军垦土

图5　查士丁尼二世铸造的金币，头像是“万王之王”耶稣基督（7世纪晚期）

地。作为报酬的一部分，军人可以把这些土地转让给继承人。皇帝由此利用新兴的农兵阶层的经济利益来确保国家的生存。

旧的行省制也被废除，帝国按照新的分区重新划分，每个分区用于防御某个特定的敌人。最终，这些新的区域单位被称为“军区”，所有的民事和军事管理都交给军区长官或指挥官。拜占庭政府的军事化与军区长官在特定的城市驻防有关，这些城市后来被称为“卡斯特拉”，意思是“军营”。

军区长官由皇帝和宫廷直接管辖，并接受皇帝派来的行政官员的定期视察，这些代表是皇帝在各行省的耳目。因此，在7世纪末和8世纪，拜占庭帝国的核心领土可能是在中国以西各国中管控最为严格的地区（见地图4）。

在一定程度上，拜占庭的治国之道受到了社会进程的影响。如我们所见，君士坦丁时代形成的贵族阶层一直掌控着帝国的地方社会，直到查士丁尼时代依然如此。然而，在7世纪的战争中，这个精英阶层的许多成员彻底失去了自己的财富和财产，他们的实力已经大打折扣。

在地方层面，这意味着现在可以征税，皇帝意愿的强制执行也不用顾忌传统贵族的切身利益。这一点很重要，虽然与波斯帝国和阿拉伯人的连年战争导致帝国的大部分地区都成了废墟，但是在君士坦丁堡、比提尼亚和小亚细亚西部沿海地区，当地经济得以幸存下来，其成熟度和繁荣度不亚于古代晚期的水平。这些地区征税的时机已经成熟，有了税收，拜占庭人就能抵抗阿拉伯人。

有消息称，尽管菲利皮科斯·巴尔达斯皇帝（711—713）曾在713年与元老院中的传统贵族共进晚餐，但在行政体系中，旧贵族的影响力逐渐被新一代官员所取代或同化。此外，拥有亚美尼亚或高加索血统的典型的军事硬汉也开始掌控权力。

结果就是，一个新的以宫廷朝臣或宫廷官吏为主的精英阶层开始形成，他们在经济上更依赖国家，在意识形态上或许更愿意效忠国家。当然，从皇帝的角度来看，他们比过去的元老贵族更听话。因此，在度过7世纪的危机之后，拜占庭帝国的版图缩小了许多，但是皇帝的权力显著增强。

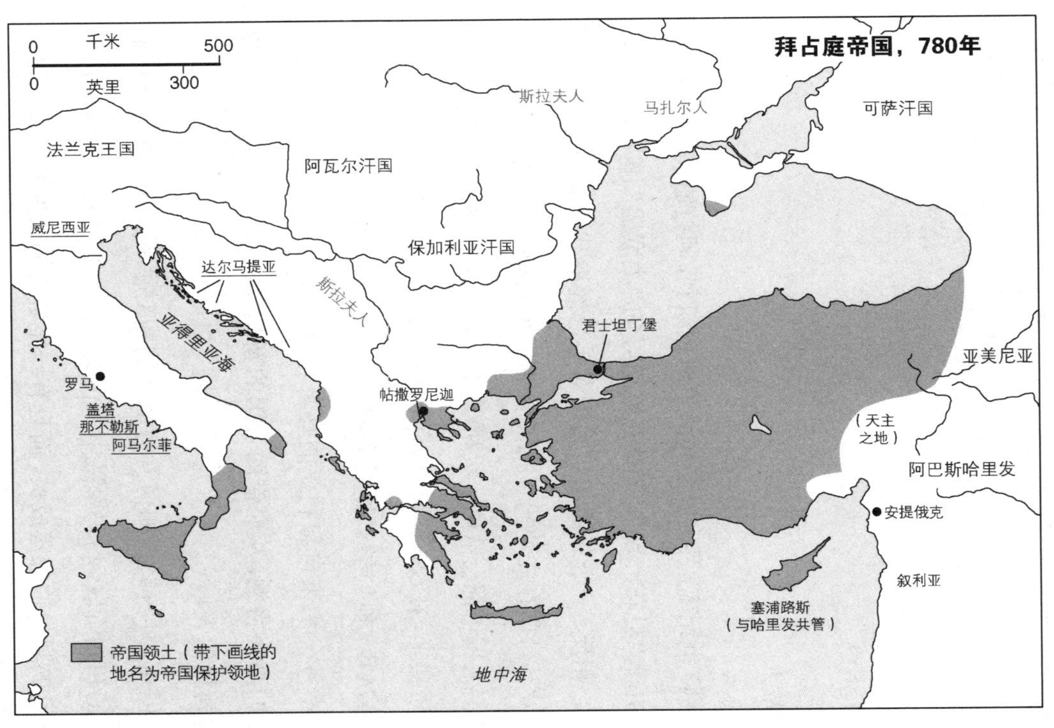

地图4　拜占庭帝国（780年）

第四章

拜占庭与伊斯兰

认识敌人

到7世纪末，拜占庭当局清楚地意识到，阿拉伯人攻城略地的征服并非“昙花一现”，希拉克略倡导的“大联盟”不足以让他们退却。相反，一个新的超级大国对手已经取代了波斯，并且不断向东罗马帝国在安纳托利亚和小亚细亚地区的残余势力施压——阿拉伯人每年都会从位于叙利亚的主要军事基地发动突袭。

事实上，在654年和717年，阿拉伯人甚至试图围攻君士坦丁堡。674年，他们尝试通过海路，在小亚细亚海岸登陆后发动攻击。幸亏一名来自叙利亚的基督教难民将火药配方交给拜占庭军方的高级将领，从而借助帝国的新型秘密武器“希腊火”得以击退阿拉伯人。

但是，拜占庭人如何看待他们的新对手呢？在7世纪阿拉伯崛起的初始阶段，乌玛军队中不仅有受穆罕默德传教影响而信奉一神论的阿拉伯部落成员，而且有一定数量的信奉基督教的阿拉伯人和北阿拉伯犹太人。因此，阿拉伯军队的宗教性质很难归类或识别。另外，伊斯兰教本身尚处于发展初期，还没有将其自身与基督教和犹太教区分开来，这两大宗教在当时也被称为“亚伯拉罕”的宗教。这样一来，情况就变得更加复杂。

当时有些人认为，穆斯林本质上是犹太人（这种假设并非毫无道理，因为他们声称自己是按照摩西律法敬拜《旧约》中的上帝，同时也否认基督的神性）。另一些人，比如8世纪东正教神学家大马士革的圣约翰认为，伊斯兰教源自基督教的异端派系。同样，这种看法也相当合理，因为《古兰经》在一系列问题上所采取的立场，与当时的异端见解和诺斯替教派的思想颇为相似。比如，否认耶稣的神性和受难，但与此同时，又非常尊重玛利亚，并且承认圣母童贞生子。因此，从拜占庭的视角来看，伊斯兰教似乎是基督教的衍生派系。

拜占庭人很早就注意到伊斯兰教，他们把穆罕默德所宣扬的立场（出于宗教目的，可以采取暴力手段）当作后者的基本特点。这或许带有讽刺意味，因为就在伊斯兰教提出圣战思想并且承诺牺牲者将直升天堂的同时，希拉克略也在发动抗击异教徒波斯人的神圣战争。但是，直到中世纪末，拜占庭对伊斯兰教的看法基本保持一致：穆罕默德提出的教义并非原创，也不够新颖，除了他支持采用暴力手段。正如拜占庭皇帝曼努埃尔二世（1391—1425）所说：“不妨看看穆罕默德带来了哪些新的思想，你会发现只有不宽容的内容，比如他要求用武力去传播他的信仰。”

然而，随着穆斯林在近东和中东地区取得统治并巩固政权，新宗教的轮廓开始变得更加清晰。倭马亚王朝的哈里发在这一过程中发挥了关键作用，他们从7世纪末到8世纪中叶统治整个伊斯兰帝国。他们坐镇位于大马士革的宫廷，亲自指挥圣战，向君士坦丁堡发起攻击。与此同时，他们还主持基督教、犹太教和穆斯林学者之间的公开辩论，以赋予信仰更广泛的定义。他们还建造了大马士革的大清真寺和耶路撒冷的圆顶清真寺等宏伟的建筑，并在自己铸造的金币上刻上了穆罕默德的名字，甚至可能还刻有穆罕默德的头像。在他们统治的原罗马帝国的领土范围内，这些金币取代了此前流通的真正的或仿造的拜占庭金币。这样一来，他们的宗教受到了公众的广泛关注。

作为对伊斯兰货币改革的回应，如第三章所述，查士丁尼二世开始铸造带有“万王之王”基督头像的金币。在大马士革，在位的哈里发阿卜杜勒·麦利克借鉴犹太人过去对基督教习俗的批评，谴责基督教尊崇宗教形象的做法（以及皇帝新铸造的货币）是偶像崇拜，这违反了“十诫”中的第二条，即不得敬拜“雕刻的偶像”。这是哈里发首次明确反对将宗教形象作为伊斯兰信仰的根基。引人注目的是，从那时起，历任哈里发铸造的所有硬币在设计上完全摒弃了人物形象。

竞争与模仿

7世纪末，由宗教形象引发的争议成为拜占庭与伊斯兰两大帝国对抗的缩影。这场争论值得关注，因为它表明，从那时起，为了控制近东地区而展开的斗争主要发生在意识形态层面。双方争夺的对象是《旧约》所构建的象征性宇宙，拜占庭皇帝和伊斯兰哈里发都认为，关于这个宇宙，他们的解释才是正确的。

与此同时，新的阿拉伯统治者侵占了罗马帝国的思想遗产和建筑遗产，并且化为己有。比如，耶路撒冷的圆顶清真寺让人立即联想到当时拜占庭的建筑样式，而大马士革的大清真寺则是按照罗马帝国的建筑原则施工建造，并用精美的马赛克作为装饰，这些马赛克的原材料是君士坦丁堡赠送的外交礼物。此外，阿卜杜勒·麦利克和他的继承人声称自己是真主的代表，这实际上借鉴了罗马和拜占庭皇帝长期以来为了巩固自身权威而提出的主张。

然而，模仿也会产生反作用。正如我们所看到的，从690年代起，大马士革的哈里发谴责基督徒崇拜基督、圣母玛利亚和圣徒的形象或“偶像”，认为这种做法属于偶像崇拜，违反了“十诫”的第二条。有迹象表明，哈里发叶齐德二世（720—724）进一步推行这一政策，下令在穆斯林统治地区的基督教礼拜场所内销毁这类形象，并且重新粉刷教堂。值得注意的是，拜占庭在8世纪早期面临着日益严重的军事危机和政治危机，许多人认为这是帝国失去神宠的证据。虽然阿拉伯人对君士坦丁堡的围攻在717年至718年被击退，但是随着锡拉岛发生毁灭性的火山爆发，这种感觉在726年变得更加强烈。

帝国为何会失去神的恩宠？早期的拜占庭人会归咎于基督教的异端思想，但此时帝国教会遵循的教义是6世纪时查士丁尼皇帝所定。从8世纪的观点来看，查士丁尼是一位非常成功的统治者，他的正统思想无可非议。此外，大多数反对官方教义的人都生活在穆斯林统治下的叙利亚和埃及地区，处于囚禁状态——

很显然，他们也没有得到神的支持。宫廷、教会和军方的某些人则认为，或许穆斯林的看法有一定道理，惹恼神明的原因正是基督教的偶像崇拜。

727年，这种看法似乎得到了印证。当时，一支横冲直撞的阿拉伯军队没能攻克尼西亚城。这座城市地位非凡，因为325年君士坦丁在这里召开了第一次大公会议。据称，在阿拉伯人围城过程中，一名拜占庭士兵（他的名字也叫君士坦丁）曾向圣母像投掷石块，并且踩踏圣母像。因此，一些人认为，靠着君士坦丁的佑护（这一点我们后来才得知，而且叙述者持敌视态度，言辞含糊），这座城市才逃过一劫。

没过多久，利奥三世（717—741）颁布了一项法令，宣布“制作圣像属于偶像崇拜：不得崇拜圣像”。有趣的是，批评者斥责利奥的做法（他已经迫使犹太人接受洗礼，希望重新赢得神的青睐），认为他的想法“跟阿拉伯人一样”。随后，利奥的儿子兼继承人君士坦丁五世（741—775）采取了更为强硬的手段。他于754年在海尔里亚召开大公会议，试图在神学信条中找到依据，来支持利奥三世的令旨。因此，他发起了一场针对圣像的斗争，拜占庭教会后来称之为“毁坏圣像运动”。

参与这场斗争的人并没有多少神学理论可供利用。我们可以肯定的是，从教会初期开始，宗教形象就在基督教中发挥着一定作用。比如，在叙利亚的杜拉欧罗普斯地区出土的早期基督教教堂以及在罗马的地下墓穴中，圣像的存在都得到了印证。然而，从6世纪开始，圣像在帝国的公共宗教活动中扮演着越来越重要的角色。在皇家仪式期间，民众举着圣像在街上游行。甚至在战争期间，士兵也会带上圣像，企盼神明佑护。

但在“民间宗教”的层面上，圣像崇拜已经是既定事实。而且很明显，早期使用圣像的做法几乎没有招致任何基督教信徒的批评，尤其是那些用希腊语写作的人，他们显然没有把圣像当作问题。无论是反对圣像的人（“圣像破坏者”），还是支持圣像的人（“圣像崇拜者”），都没有太多现成的神学文献作为依据。因此，在当天会议结束时，圣像破坏者只能援引“十诫”的第二条规定，而圣像崇拜者基本上就是要求坚持教会现有的传统。

可以说，在政治上推动“毁坏圣像运动”的几位皇帝（利奥三世，尤其是君士坦丁五世）都在军事上取得了成功。因此，军队方面强烈支持他们的决定。比如，在787年，教会原本打算召集一次大公会议，取消“毁坏圣像运动”。但最后因为士兵的抗议，他们不得不放弃这个计划，这些士兵在精神和信仰方面依然忠于君士坦丁五世。

直到8世纪末和9世纪初，军事胜利与毁坏圣像之间的联系才开始瓦解，圣像崇拜得以正式恢复。843年，支持圣像的一方取得了所谓的“正统观念的胜利”，因为毁坏圣像的政策被正式废除，此后再也没有施行。虽然这一时期毁坏圣像的实际规模和程度可能被夸大了，但是双方就圣像在礼拜仪式中的地位所展开的激烈辩论，给拜占庭的宗教和艺术传统留下了深刻的烙印（我们将在第六章中再次分析这一点）。

然而，需要记住的是，引起这场辩论的最初原因是拜占庭与伊斯兰之间的紧张局势。“毁坏圣像运动”表明，拜占庭从8世纪至10世纪的发展和演变，首先是出于遏制和应对伊斯兰敌人的迫切需要。

边境社会

在这一时期的大部分时间里，拜占庭人对阿拉伯人作战靠的是防御。到7世纪末，随着阿拉伯人在高加索地区建立起有效控制，拜占庭人无法继续阻止对手的大规模入侵。特别是在控制亚美尼亚之后，阿拉伯人掌握了至关重要的东西方通道，由此他们可以自由进入安纳托利亚高原。拜占庭人不得不重新采用希拉克略对抗波斯人时最先采用的游击战策略。

拜占庭和伊斯兰之间的东部边境以山地为主。只有小亚细亚地区柔软低洼的腹地容易被阿拉伯人利用，从位于塔尔苏斯的根据地发动突袭。其余地区是连绵的山脉，从亚美尼亚的火山高地向南延伸，把安纳托利亚起伏的平原和幼发拉底河沿岸被阿拉伯人控制的繁荣城市分隔开来。这片山地海拔4 000多米，而这一带大部分地区的海拔在150米到2 000米之间。

因此，控制穿越这些山脉的通道是首要的军事任务。拜占庭人意识到，只需要部署少量军队就可以做到这一点。因此，他们设立山地关隘，加强防御，试图伏击入侵的敌人。不过，拜占庭人后来意识到，等到阿拉伯人从帝国领土返回时，在途中伏击他们，要比从一开始就阻止他们入侵容易得多。因为在返程时对手满载战利品，还带着俘虏，行动不便。

山地两侧都是平原。夏季干旱多尘，冬季严寒难耐，这意味着适合作战的时间基本上只限于春季。相对短暂的作战时间意味着阿拉伯军队主要由轻骑兵组成，拜占庭人试图用大部分由当地人组成的军区步兵来遏制轻骑兵。在阿拉伯军队入侵期间，平民被疏散到多个山寨和空间宽敞的地下堡垒。因此，尼基弗鲁斯二世（963—969）在《论小规模战斗》一文中提出，应该“彻底疏散该地区居民，并为居住在高山上的居民和他们的羊群寻找避难所”。同样，10世纪的阿拉伯诗人穆塔纳比形容拜占庭平民“躲在岩石缝隙和洞穴中，就像藏在地里的蛇一样”。

阿拉伯人袭击的规模可能很大。在8世纪和9世纪，哈里发哈伦·拉希德可以利用整个穆斯林世界的资源，带着多达十万人的军队入侵拜占庭。此时，整个拜占庭可能也只有那么多军队。对拜占庭人来说，在这一时期，能够召集两万人参加一次战役已经非常难得。因此，他们不可能直接对抗团结一致的伊斯兰世界。相反，帝国不得不进行一场旷日持久的消耗战，直到伊斯兰世界出现内部分裂。

然而，边境地区并不是一个只有敌方军队在作战季节才会进入的封闭世界。即使在7世纪和8世纪，也有相当数量的贸易往来会跨越边境。当然，我们目前所掌握的证据可以确认，在拜占庭和阿拉伯当局监管下的高层交往依然频繁。

在7世纪末查士丁尼二世铸造带有基督形象的帝国金币之前，拜占庭政府一直向阿拉伯边境地区提供金币和用于铸造低面额钱币的青铜。作为回报，根据伊斯兰方面的说法，穆斯林从埃及向拜占庭人供应纸莎草。在10世纪，正如我们所看到的，阿拉伯商人（尤其是纺织业的商人）一直居住在君士坦丁堡，拜占庭和阿拉伯之间的大量贸易也一直在进行（尽管主要是由亚美尼亚中间商经办），交易地点是位于特拉布宗的黑海贸易站。

除了这种“高层”且受到监管的交易之外，还有在边境社会基层发展起来的自主交易模式。如前所述，边境并非密不透风的区域，它是由受影响的控制区而不是分散的小块领土组成的。鉴于边境地区的性质，尽管双方在宗教信仰和战争经验方面存在差异，但拜占庭控制区和穆斯林控制区的居民（其中许多人仍然是基督徒）形成互惠关系也是很自然的。

尤其是，阿拉伯人控制的城市在商业上取得了巨大繁荣，对那些希望出售商品或寻求就业的人来说，这些城市具有极大的吸引力。比如，根据阿拉伯历史学家伊本·艾西尔的记载，在928年，有大约700名拜占庭人和亚美尼亚人带着鹤嘴锄来到阿拉伯人控制的城市梅利特，寻求工作机会。这些“工人”最终被揭穿，他们实际上是伪装的拜占庭士兵。不过，这则逸事更值得关注的地方在于，拜占庭方面认为以劳工身份作为掩护能令人信服，这意味着当时确实存在此类人员流动。

到10世纪，拜占庭东部边境已经被军事贵族控制，这些贵族往往是亚美尼亚人和高加索人，甚至是信奉基督教的阿拉伯人，他们领导当地人对抗侵略者。在文化和习俗方面，这些贵族与生活在敌占区的亚美尼亚人、库尔德人和穆斯林阿拉伯人有许多共同点。比如，在建筑风格上，拜占庭卡帕多西亚地区精英阶层的住宅，与阿拉伯统治的叙利亚北部精英阶层的住宅颇为相似。这些精英家族有能力建立跨境联盟。比如根据记载，一些阿拉伯军阀叛逃到拜占庭。同样，在979年，东部贵族巴尔达斯·斯科莱鲁没能推翻巴西尔二世的统治，只好叛逃到阿拉伯帝国。

此外，还有一个跨越边境地区的新娘市场。因此，拜占庭英雄史诗中生活在东部边境地区的神话英雄狄吉尼斯·阿克里特其实是个混血儿，一半罗马人血统，一半阿拉伯人血统（他的名字的字面意思是"半种姓"或"双重血统"）。因此，把文学叙事和考古证据相结合，不难发现一个相对流动的边境社会已经形成，其特点是，强大的经济关系和个人关系超越了政治和宗教方面的分歧。

战争的变化

倭马亚王朝的哈里发阿卜杜勒·麦利克坐镇首都大马士革，高效管理着这个"圣战国家"，重点是积极开展对拜占庭的战争。然而，在8世纪中叶，哈里发的统治被一场内战彻底破坏，倭马亚王朝就此终结，取而代之的是新的王朝——阿巴斯王朝。阿巴斯王朝主要向东方寻求原先波斯帝国领土的支持，那里皈依伊斯兰教的速度最快。之前，倭马亚王朝曾决定向穆斯林皈依者征税（原本只有信仰基督教、犹太教和琐罗亚斯德教的人才需要交这笔税），一度导致当地的紧张局势升级。

因此，阿巴斯人选择的统治中心不是叙利亚，而是伊拉克，在地理位置上更接近他们的支持者。阿巴斯王朝的历任哈里发坐镇位于巴格达的新首都，势力范围东至阿富汗和印度，北至高加索、里海和大草原。他们离西边的拜占庭距离更远。因此，对君士坦丁堡的圣战不再是哈里发政权的优先考虑，拜占庭东部边境的压力逐渐减轻。

此外，8世纪中叶的阿巴斯革命，也引发了伊斯兰世界更大范围的分裂。北非和西班牙（在7世纪末和8世纪初被征服）仍然忠于倭马亚皇室成员，在埃及和其他地方则出现了独立的政权。在这些地方，民众不断皈依伊斯兰教，使得统治者和被统治者之间相互认同的程度越来越高，从而催生了更注重地区利益的新的权力集团。这些权力集团的独立程度越来越高，对于远方的哈里发政权仅仅保持着表面的顺从。

9世纪末，在阿巴斯王朝的核心地带伊拉克，如果再爆发一场争夺权力的恶战，这个政权实际上就会从内部被掏空。这意味着，从那时起，拜占庭不再需要在东部边境与统一的伊斯兰敌人作战。相反，针对君士坦丁堡的圣战领导权逐渐转移到边境指挥官手中，比如阿勒颇的军方将领。尽管来自整个穆斯林世界的志愿者继续拥向叙利亚北部，参与对抗异教徒的战争，但这些指挥官能够调度的军队比过去庞大的哈里发军队要小得多。因此，由于伊斯兰世界不断分裂，拜占庭方面重新占据了优势。

在下令毁坏圣像的君士坦丁五世统治时期，拜占庭东部边境的军事局势相对稳定（在一定程度上，这也是君士坦丁五世被认为取得军事成功的原因之一）。东罗马帝国当局首先利用东部边境压力减轻的机会来推进内部改革，并重新取得对希腊本土和巴尔干半岛南部地区的控制权（见第五章）。

与此同时，新的军事环境使拜占庭不仅有机会遏制7世纪产生的危机，而且能够克服危机，继续发展。由于摆脱了几乎每年一次的军事攻击，城市经济和农业经济有了恢复活力的迹象。从君士坦丁五世统治时期开始，腺鼠疫的逐渐消退也使人口数量再次回升。

军区将领坐镇指挥的地方——严密设防的军事堡垒——逐渐变成了热闹的集市，这有助于刺激周边农村的农业生产和手工劳动，从而在更大范围内提升经济活动的货币化水平。以前，士兵每三四年才从皇帝那里获得一次现金奖励；现在，他们每年都能获得现金报酬。这进一步促进了经济增长，并使帝国一度失去而饱受战乱之苦的地区开始恢复到古代晚期的发达水平。

从9世纪末开始，拜占庭经济变得日益复杂，这一点在行政和军事领域尤为明显。省级军区的数量有所增加，使得行政管理变得更加严格。有证据表明，在这些军区内部重新确立了民事行政官的权威。最初在为军队生存而进行的激烈斗争中建立起来的行政管理体制，现在正逐渐稳定下来而成为一种更常规的方式，不再需要外部危机来驱动。安纳托利亚西部和小亚细亚大部分地区的防御游击战，对于宏观军事形势的影响越来越小，这些地区的军队逐渐转为“本土防御”，成为驻守当地的民兵，或许只有定期进行的军事演习才会动员他们，这些人的作战经验也在减少。

到9世纪末，伊斯兰世界的军事冲突和政治分裂，使得拜占庭皇帝可以认真考虑主动进攻，收复那些在希拉克略及其王朝治下最后一次见到罗马旗帜的旧领土。像这样抢占地盘的战役，需要用到骑兵，而不是步兵。

863年，一支强大的阿拉伯军队在安纳托利亚地区哈里斯河畔的波森被击溃。这标志着拜占庭与阿拉伯之间的军事斗争进入了新的阶段——拜占庭开始主动出击。从那时起，拜占庭军队展现出更具侵略性的一面。到10世纪初，东部的贵族将领凭借他们对当地地形的了解，以及几代人积累的与阿拉伯人的交战经验，率领拜占庭军队向亚美尼亚以及西里西亚和叙利亚北部的阿拉伯控制领土推进。在930年代，拜占庭将军约翰·库尔库阿斯攻占了梅利特和萨莫萨塔两座城市，并开始向幼发拉底河以外的地区发动攻击。

961年，拜占庭皇帝尼基弗鲁斯·福卡斯（他本人出身于东部的军事贵族家庭）征服了极具战略价值的克里特岛。965年，塔尔苏斯落入拜占庭手中，塞浦路斯也被吞并。969年，安提俄克和阿勒颇被征服。975年，约翰·齐米斯西斯皇帝（969—976）亲自率军进入叙利亚。到976年巴西尔二世登基时，拜占庭已经控制了这一地区。

随着格鲁吉亚（1000年）和亚美尼亚（1022年）并入帝国版图，拜占庭的影响力很快向北拓展到高加索地区。在西半球，帝国最终消灭了保加利亚人建立的政权（1001—1018）。7世纪阿瓦尔人建立的政权崩溃后，保加利亚人统治了巴尔干地区北部，甚至威胁到靠近君士坦丁堡的色雷斯地区。1038年，拜占庭人从阿拉伯人手中夺取了西西里岛的梅西纳地区，这标志着意大利南部剩余的帝国力量得到了加强。

因此，到11世纪初，拜占庭帝国已经卷土重来，恢复了6世纪末的庞大版图和非凡实力，重新成为基督教世界最强大的国家，这一切变化令人印象深刻。他们做到这一点，靠的是渐进和蚕食的策略，逐步从阿拉伯人手中收复领土，每次攻占一座城市及其周边地区。

拜占庭的历任皇帝似乎已经意识到，他们获胜的主要原因是对手的内讧，这使他们有机会向外扩张，收复原先的帝国领土。值得注意的是，他们没有选择攻打巴格达或耶路撒冷等具有重要地位的目标，哪怕这些城市可能触手可及。或许是因为他们担心这样做会让伊斯兰世界团结起来，共同投入圣战。拜占庭人知道，一旦对手消除矛盾，他们将难以匹敌。在与伊斯兰军队持续交战几乎四个世纪之后，拜占庭帝国已经非常了解敌人，所以他们不会犯这种错误。就像所有处于劣势的拳击手一样，拜占庭皇帝必须确保他们的攻势能够击中对手的弱点。

第五章

生存策略

历史与外交

拜占庭在7世纪先后遭到波斯人和阿拉伯人的攻击，面临重大困境。因此，当帝国在10世纪初克服中世纪早期的危机，并且在东西部重新确立帝国统治权时，这足以证明这一时期的治国之道行之有效、务实且富有创造力。尤其是，在快速变化的战略局势中，帝国政府迅速做出调整，并相应地改变了外交和军事的优先顺序。

帝国的这种自我调适能力早在4世纪末就已展现，当时君士坦丁堡当局发现自己面临着匈奴人的威胁。匈奴人起源于中国，从4世纪中叶开始向西迁徙，穿越欧亚草原西部（从满洲里到乌克兰西部的平原和草原地带）。他们是优秀的骑兵，擅长使用轻型复合弓，攻击力惊人。

尽管中国人很熟悉这些草原游牧民族，并且在很久以前就知道他们的惊人攻击力，但罗马帝国直到4世纪末才第一次遇到这样的敌人。正如我们所看到的，帝国迅速与波斯谈判并达成和平协议，并且大规模修建防御工事，用于保护君士坦丁堡。与此同时，他们也开始分析匈奴人，试图向他们学习。比如，他们招募雇佣兵，要求这些战士具有类似的骑兵技能，并且模仿匈奴人的射箭方式。

罗马帝国很快就发现，这些游牧帝国，比如匈奴人以及其他在6世纪至7世纪兴起的草原民族（如阿瓦尔人和突厥人），其凝聚力主要源自可汗本人的威望以及臣民对他的畏惧。6世纪的拜占庭军事手册曾建议，遇到这样的敌人，只需要和他们形成均势即可，因为他们很快就会从内部崩溃。626年，这句格言在君士坦丁堡的城墙前得到了生动的诠释，当时阿瓦尔人围城失败，直接导致可汗强征入伍的斯拉夫人哗变。

因此，从5世纪和6世纪起，拜占庭人开始意识到，帝国需要对欧亚草原西部的局势始终保持警觉。与此同时，有必要寻找盟友，共同遏制或对抗新出现的草原强国，后者可能随时发动军事攻击。因此，帝国政府采取谨慎态度，在高加索北部以及黑海附近的切尔森和克里米亚的草原地区驻扎军队，作为“监管前哨”。

正如我们所看到的，希拉克略曾向欧亚草原西部的游牧民族寻求援助，来解决波斯人造成的危机。不幸的是，到了对抗阿拉伯人的时候，曾经帮助过希拉克略的突厥盟友已经实力大减，对于帝国来说这是个极大的坏消息。尽管如此，7世纪末的历任皇帝还是小心翼翼地与可萨人结盟，后者取代了古代晚期的突厥人，势力范围一直到达高加索北部和乌克兰东部，从而能够阻止阿拉伯人穿越该地区，从大草原西部和巴尔干地区北部袭击拜占庭。直到10世纪末“罗斯人”（他们是维京的后代）摧毁了可萨人，才终结了拜占庭与后者的战略结盟。此后，北高加索地区逐渐接受了伊斯兰信仰。

同样，拜占庭政府也分析了蛮族在帝国西部新建立的王国，并正确地判断出它们内部并不稳定。因此，查士丁尼在袭击非洲的汪达尔人、意大利的东哥特人和西班牙的西哥特人时，选择的时机非常相似。这些蛮族王国正处于争夺王位继承权的内斗中，这类以国王为中心的社会此时最为薄弱。从8世纪至10世纪，拜占庭的统治者则通过皇室联姻来获得外交和军事方面的支持，为此他们总是把自己和家人的婚姻当作筹码。

当时，拜占庭在西部还有两大劲敌：加洛林王朝和奥托王朝，他们曾在意大利和亚得里亚海沿岸挑战拜占庭的权威。这两个王朝在政权更迭之际，同样会陷入内乱，拜占庭帝国准备再次利用这样的混乱局势。这表明，尽管拜占庭政府的许多机构在6世纪至10世纪间发生了巨大的变化，但他们保留了分析对手的传统，并用于维护帝国的军事利益和政治利益。

在君士坦丁七世（913—959）统治时期，有一部名为《帝国行政论》（或《论如何管理帝国》）的著作最能体现上述传统。这部作品的序言采用皇帝的口吻，写给他的儿子、未来的皇帝罗曼努斯二世（959—963）。君士坦丁七世宣称，这本书要向王子解释，“拜占庭以外的每个国家如何有能力造福或伤害罗马人，以及如果在战场上遇到其他国家，该如何降服对方”。这本书属于文献摘录，内容源自历史记载和皇室传记、由目击者和商人撰写的供皇帝参考的关于外国列强的情报，以及在很大程度上带有传说性质的关于民族迁徙和拜占庭此前与邻国交易的信息。编撰这本书的目的主要是为了强调对帝国权威的宣示，同时搜集涉及罗马帝国的历史资料来予以支持。

与此同时，这本书还向基督教王子介绍了有关战略要地高加索地区（即亚美尼亚和格鲁吉亚）相对最新的帝国政策，并且分析了欧亚草原西部、多瑙河流域和巴尔干地区北部的主要强国（可萨人、罗斯人、帕臣涅格人、马扎尔人和保加利亚人）。最关键的是，这本书强调他们之间可能会发生冲突，帝国可以抓住这些机会。

因此，这本书建议，

> 对保加利亚人来说，罗马帝国的皇帝更加可怕。如果帝国与帕臣涅格人保持和平的话，皇帝也可以迫使保加利亚人接受和平。因为帕臣涅格人也是保加利亚人的邻居，如果他们想发动战争的话，不管是为了私利，还是为了讨好罗马皇帝，他们可以随时挑战保加利亚人……并且击败他们。

然而，如果保加利亚人不可靠的话，这本书还提到，“可以发动乌兹人去攻击帕臣涅格人”。与以往一样，“分而治之”被认为是确保帝国生存的关键手段。

古代的遗产

拜占庭帝国在古代晚期留下的精神遗产，增强了它在外交方面的冲击力。首先，早在6世纪，帝国就已经意识到促使周边国家（尤其是高加索地区）的民众接受基督教信仰具有重要意义，这些民众将追随君士坦丁堡的行动步伐。中世纪的历任皇帝并没有忘记这一点，他们齐心协力，确保塞尔维亚人和斯拉夫人首先在希腊及其周边地区定居，然后保加利亚人和罗斯人（后者的首都在基辅）接受拜占庭官方认可的基督教派系。

居住在希腊的斯拉夫人似乎是用希腊语传福音，因此在皈依过程中，他们逐渐变得希腊化（在这一过程中，帝国也重新在该地区取得控制权）。864年，对于让保加利亚"可汗"鲍里斯（他取了"米哈伊尔"的教名）接受帝国形式的基督教洗礼不得不谨慎处理，因为法兰克人同时也试图说服他接受拉丁形式的基督教，并且加入反拜占庭的法兰克同盟。拜占庭帝国的回应是，允许鲍里斯建立独立自主的保加利亚教会，自行决定牧首的人选，并接受以其臣民的主要语言（旧教会使用的斯拉夫语）进行礼拜仪式和翻译《圣经》。最先开始翻译工作的人是来自帖撒罗尼迦的一对传教士兄弟圣西里尔和美多德，他们是拜占庭帝国的宗教政策在中东欧地区进行宣传推广的合适人选。

正如我们在第二章所提到的，989年，沙皇弗拉基米尔皈依基督教。他的臣民，也就是罗斯人，被圣索菲亚大教堂的神圣仪式和雄伟建筑所震撼，他们甚至相信自己感受到上帝的存在。据说，罗斯人的领袖此前不仅考虑过皈依拉丁国家的基督教派系，还考虑过皈依犹太教或伊斯兰教。据说，他拒绝皈依后者的理由是，"喝酒是罗斯人的快乐之源"。最终，他决定皈依拜占庭的基督教派系，并将中世纪俄罗斯的版图（就像中世纪的保加利亚一样）纳入所谓的“拜占庭联邦”。有些时候，在双方缺乏直接合作诱因的情况下，“联邦”概念折射出拜占庭的“软实力”和文化影响力。

罗斯人的转变提醒我们，源自古代的皇家仪式和宗教仪式有助于获得切实的政治利益。《礼典》和外国使节的文字记载，描述了帝国当局如何操纵和安排外交场合，意在彰显皇帝的威严，并强调拜占庭相对于邻国和对手的文化优势和技术优势。

在此类外交场合中，组织者特别强调拜占庭人擅长的机械装置。比如，在10世纪，意大利外交官克雷莫纳的柳特普兰德初次见到君士坦丁七世。根据他的记载，当时皇帝的座位两旁有机械狮子在怒吼，还有人造小鸟在鸣叫。当他按照对方要求拜倒时，皇帝的座位高高升起，仿佛施了魔法。“这究竟是如何实现的，”他宣称，“我实在无法想象。”

这样的仪式显然非常耗时。之后对君士坦丁堡的另一次访问中，柳特普兰德与尼基弗鲁斯·福卡斯皇帝的谈话不得不缩短。柳特普兰德这样写道，当时钟声响起，尼基弗鲁斯说，“已经七点多了，接下来还有一个教会仪式，我必须参加”。

然而，不管多么麻烦，这些仪式是拜占庭意识形态的重要组成部分。正是依靠这样的要素，拜占庭帝国积累了巨大的威望，并且善于处理外交关系。在这一点上，拜占庭有别于和它产生直接冲突的其他强国（巴格达的阿巴斯王朝可能是例外，他们出于类似的目的，恢复了萨珊王朝的宫廷礼仪）。

与此同时，尽管在圣像问题上产生纠纷，中世纪的拜占庭帝国继承了古代晚期高度统一的意识形态。帝国的关注点并不是任何一个王朝，而是皇帝的地位和帝国的概念。因此，哪怕是最自私的贵族和将军，帝国意识形态也能够激发他们的野心，促使他们争夺帝国的权力，而不是只顾经营自己的独立王国来摆脱它。

精心安排的宫廷仪式在文化上强化了这一点。省级官员和军区指挥官受命来到首都之后，皇帝特意为他们安排了丰盛的宴席，并把赏赐和礼物亲自交给他们。在政治上，拜占庭文化也具有高度融合性。通过皈依帝国的基督教派系，并且学习希腊语，特别有助于迅速获得罗马人的身份。比如，11世纪文武双全的拜占庭将领塞考梅诺斯，是一位自豪的、爱国的罗马人，虽然他很可能是亚美尼亚人和格鲁吉亚人的后裔，但他有着无可挑剔的希腊名字（字面意思是"燃烧的那个人"）。

新的危机和新的解决方案

然而，帝国政府与贵族之间的关系并不是完全融洽的。和古代晚期一样，10世纪的经济扩张推动了大型庄园的扩建。这样一来，宫廷官吏贵族和东部巨富家族的成员控制的土地越来越多，并利用这些土地来组建自己的军队，从而有可能威胁到各军区的军事安全。为了解决这个问题，从罗曼努斯·勒卡佩努斯（920—944，他和年轻的君士坦丁七世共同执政）到巴西尔二世（正如我们之前看到的，他镇压了东部贵族的叛乱，迫使巴尔达斯·斯科莱鲁叛逃巴格达）的历任皇帝颁布了一系列法令。巴西尔只是靠着外部力量的帮助才取得了胜利，他从基辅的北欧罗斯人当中招募了一批士兵，组建了瓦兰吉卫队，协助他的军队作战。

如前所述，拜占庭帝国并非单一的王朝，但是从9世纪末至11世纪中叶的大部分时间里，帝国统治者都有着同样的血统，即所谓的“马其顿”王朝，得名于巴西尔一世（867—886），他被称为“马其顿人”。在11世纪，学者型大臣米哈伊尔·普塞路斯这样写道：“我相信没有哪个家族像他们那样受到上帝的宠爱。”

巴西尔一世是个很古怪的人物。他在职业生涯早期，可能只是个专门讨好贵妇的混混。作为一个出身卑微的年轻人，他勾搭上了一位名叫达尼埃利斯的富有寡妇，成了后者的男宠。通过她的关系，他进入了宫廷圈子，很快就和年轻风流的皇帝米哈伊尔三世（绰号“酒鬼”）成为密友，后者甚至比达尼埃利斯更宠爱他，任命他为联合皇帝。但巴西尔却恩将仇报，暗杀了米哈伊尔，并篡夺了他的皇位。巴西尔的蹿升过程如火箭一般，令人大开眼界，同时也提醒我们，拜占庭政体的核心在于宫廷圈子。

在巴西尔一世的继任者中，并不是所有人都以他为榜样。我们注意到，在10世纪早期和中期，君士坦丁七世像他父亲利奥六世（886—912）一样，鼓励思想和文学的复兴。他发起了一场百科全书的运动，旨在编纂和整理各个领域的人类知识，从外交政策到宫廷礼仪再到兽医，无所不包。他还参与营造多个著名建筑。

这场运动被学者称为“马其顿文艺复兴”，在某种程度上，这显然是个政治声明：它是对8世纪和9世纪帝国西部的加洛林王朝文艺复兴，以及同时代位于巴格达的阿巴斯王朝哈里发的宫廷对思想和艺术的赞助所做出的回应和反驳。既然拜占庭皇帝的权威超越了世界上其他的世俗统治者，那么他的宫廷在文化方面也应该超越对手。这场运动还试图在文化和意识形态方面与查士丁尼时代重新建立联系，以消除关于“毁坏圣像运动”的记忆。

马其顿王朝的最后一位统治者于1066年去世，拜占庭帝国随后经历了一段政治动荡时期，命运发生了明显的逆转。过了大约二十五年，拜占庭才恢复了类似于马其顿王朝的相对稳定的局面。1081年，阿莱克修斯一世篡夺了皇位，他的家族一直把持皇帝头衔，直到1185年。随后，皇位先后落入伊萨克二世（1185—1195）、他的兄弟阿莱克修斯三世（1195—1203）和他的儿子阿莱克修斯四世的手中，后者被阿莱克修斯五世杀害。然而，阿莱克修斯五世的短暂统治又在1204年被第四次十字军东征推翻。

这些统治者——科穆宁家族和安格鲁斯家族——的帝国所处的环境，远比1025年巴西尔二世去世时（见地图5，当时拜占庭的领土面积和政治影响力达到中世纪的顶峰）更加艰难。其原因主要在于帝国无法控制的事件。如果说外部的发展促进了帝国在9世纪和10世纪的扩张，那么外部世界的重组最终将抵消这些成果。

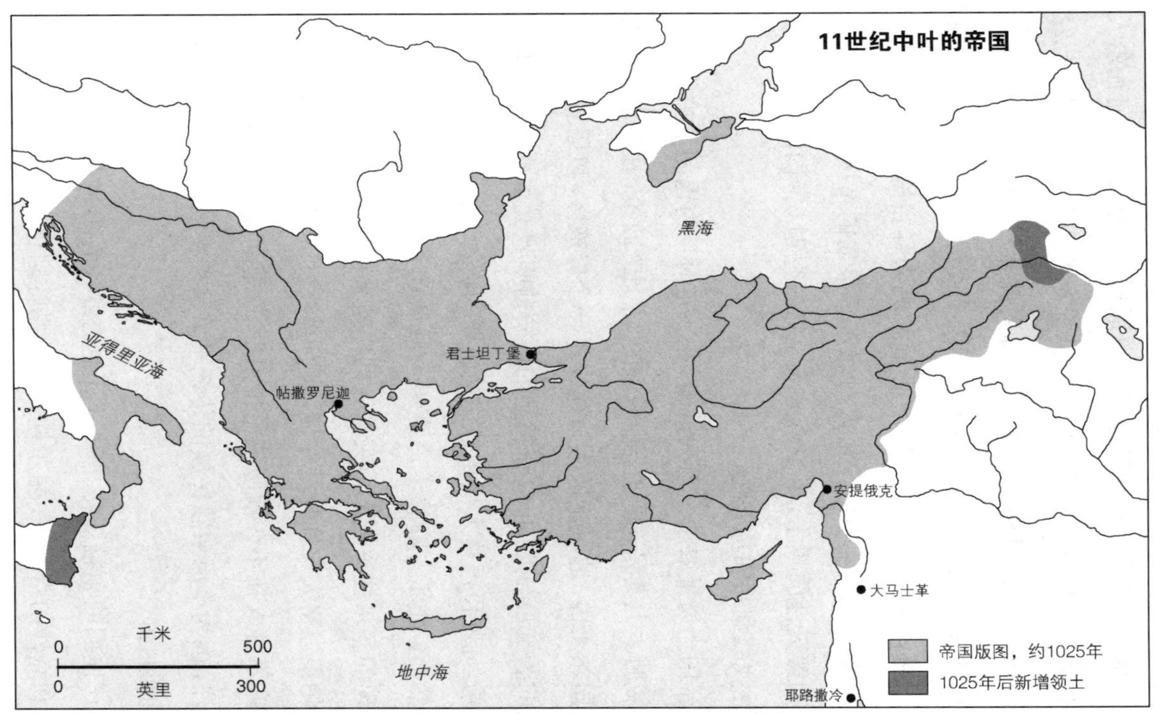

地图5　拜占庭帝国（11世纪中叶）

在11世纪，帝国面临的最直接威胁是帕臣涅格人，他们是一个贪婪成性、高度军事化的游牧部落联盟，与匈奴人和阿瓦尔人极为相似。他们在9世纪末统治了欧亚草原西部，之前我们已经看到，君士坦丁七世的《帝国行政论》对此非常关注。

巴西尔二世征服了保加利亚，这导致帝国与这些人直接接触。结果，帕臣涅格人在多瑙河下游成为拜占庭的主要对手。1033年至1036年，帕臣涅格人对巴尔干半岛的帝国领土发动了一系列毁灭性的攻击，并且深入到帖撒罗尼迦（帝国的第二大城市）寻找战利品和掠夺物。

帝国当局采取了一系列措施，在一定时期内遏制了帕臣涅格人的威胁。尤其是，通过一项激进的“焦土”政策，在多瑙河以南的帝国领土内，通过疏散人口建立了一个警戒区，以阻止帕臣涅格人的袭击。与此同时，在特定的边防前哨建立了严格管制的边境市场，向帕臣涅格人提供他们最想要的货物。

然而，对拜占庭领土产生更大威胁的强盛势力是东部边境新出现的塞尔柱突厥人。突厥人同样是来自草原的游牧民族，他们和帕臣涅格人一样骑马作战，具有高度机动性，并且作战勇猛。由于塞尔柱人在不久前皈依了伊斯兰教，他们的好战本能更加引起关注，因为草原游牧民族的传统军事精神将被用于圣战这一更伟大的目标。

在他们的领袖图格里勒以及他的继任者阿尔普·阿尔斯兰和马利克沙的带领下，塞尔柱人开始掌控阿巴斯王朝的宫廷，把哈里发当作傀儡，并鼓动同为游牧民族的土库曼人对抗格鲁吉亚、亚美尼亚和拜占庭的基督教信徒。正如我们所看到的，到目前为止，拜占庭和阿拉伯之间的战争都是精心组织的战役。双方在适合交战的季节，由结构相似的军队来相互对抗。然而，塞尔柱人指挥下的土库曼军队规模更小，机动能力更强，他们总是能绕过帝国防御，击败拜占庭军队。由于对手没有中央根据地，也没有清晰的指挥架构，拜占庭人无法找到合适的攻击目标。因此，在东部边境想要遏制土库曼人的攻势，就像试图控制液态汞一样：不仅徒劳无功，而且非常危险。

1071年，拜占庭皇帝罗曼努斯四世·戴奥真尼斯发动了一次东部攻势，使其陷入与塞尔柱苏丹阿尔普·阿尔斯兰的直接冲突。在曼齐克特战役中，皇帝兵败被俘，导致拜占庭帝国爆发内战，突厥人和土库曼人趁机深入安纳托利亚和小亚细亚，那里的军区部队已经退化，无力抵抗入侵。只用了二十年的时间，突厥人就在小亚细亚西海岸建立了自己的家园，并且定居下来。整个帝国经济最发达的地区，同时也是古代复杂的基础设施保护最充分的地区，现在变成了战场。

然而，突厥人定居的程度越高，拜占庭帝国反击的可能性就越大。早在1080年左右，拜占庭军队就开始对突厥人进行局部打击。然而，帝国当局面临的主要问题是，军队缺乏攻城的经验，不知道该如何摧毁敌人的据点（比如西部的尼西亚或东部的安提俄克）。如果不能控制这些城市，拜占庭人就不可能借由这些胜利来收复领土。

在阿莱克修斯一世统治时期，拜占庭找到了解决方案。如前所述，他于1081年夺取了皇位。塞尔柱人和土库曼人攻入安纳托利亚和小亚细亚，导致拜占庭军事贵族纷纷逃往帝国首都，他们的财产被敌人抢走，因此痛恨无能的帝国当局。为了安抚他们，皇帝将部分权力授予这些贵族，允许他们向截至当时免税的纳税人社区索要贡税和劳务。这实际上相当于一场拜占庭内部的“封建革命”，借此机会完成了贵族控制强化的过程，而早在10世纪，这种控制刚出现时就引起了皇室的关注。

然而，阿莱克修斯急于减轻他在政治和军事方面对外来贵族的依赖。因此，我们看到他频繁求助于自己的家族成员，安排他们担任政府职位。最关键的是，他开始依赖外国人，主要是来自西方的雇佣军和骑士，用他们来充实帝国卫队。

正如我们所看到的，到11世纪初期，拜占庭重新确立了它在基督教世界的统治地位。拜占庭皇帝的威望和财富使许多西方人，特别是渴望冒险的法国骑士加入帝国卫队效力。阿莱克修斯积极推动这一发展，甚至让诺曼骑士为他服务，尽管诺曼人在11世纪中叶对于帝国在西西里岛、意大利南部和亚得里亚沿海地区的统治地位造成了极大破坏。他这样做的原因在于，这些骑士恰恰拥有帝国急需的攻城战专业知识。

1095年，阿莱克修斯与教皇乌尔班二世接洽，请求拉丁西方提供军事援助。结果，教皇呼吁各国组织武力，发动十字军东征，对抗穆斯林异教徒，解救东方的基督徒，恢复基督教对圣地的掌控。在接下来的两年里，大约6万名西方人将前往君士坦丁堡支持帝国的事业。

第一批到达的十字军主要由农民和其他装备简陋的军队组成，皇帝随即将他们运到小亚细亚，他们很快就在那里遭遇了可怕的结局。然而，当更多训练有素、经验丰富的十字军骑士抵达后，帝国当局则小心地安排他们前往小亚细亚和叙利亚的城市，他们迫切需要从敌人手中夺回这些城市。

1097年，塞尔柱人在尼西亚的根据地沦陷，十字军向安提俄克进军。然而，进攻这座城市的最初尝试却没能成功。因此，在东征十字军领袖的建议下，阿莱克修斯命令帝国军队撤退。这座城市随后被来自诺曼的冒险家博希蒙德攻陷。但是，他拒绝转让这片领土，十字军和帝国政府之间的关系开始恶化。

不过，导致阿莱克修斯和十字军领袖之间关系彻底发生转折的原因在于，十字军领袖决心向耶路撒冷挺进，并期望阿莱克修斯和他们一同前往。但这是皇帝永远不会做的事。正如我们所看到的，虽然耶路撒冷已经成为西方教会表达虔诚和朝圣的重点对象，但是在拜占庭，由于君士坦丁堡已经被塑造成新耶路撒冷，因此真正的耶路撒冷地位反倒没那么崇高。

因此，帝国当局缺乏西方人矢志进军圣城的热情。如前所述，即使在11世纪初帝国扩张的高峰时期，帝国政府也始终保持谨慎，不去攻击耶路撒冷（这也是穆斯林的圣城）或巴格达，以免对手同仇敌忾，发动大规模的圣战。相反，十字军领袖对这种危险置之不理，并将阿莱克修斯的沉默视作背叛。因此，当1098年耶路撒冷陷落时，它（和安提俄克一样）成为独立的拉丁王国，由十字军所控制。

在中世纪早期出现的东西方基督教派系的信仰差异，导致了彼此之间的误解和相互指责。在某种程度上，阿莱克修斯面对塞尔柱人的威胁所采取的解决方案适得其反（尽管从帝国的角度来看，由十字军控制安提俄克要好于穆斯林）。

然而重要的是，阿莱克修斯和他的继任者从未放弃这样的想法，那就是利用西欧拉丁国家的虔诚、雄心和军事意志，让它们为帝国服务。因此，为了控制诺曼人在意大利的势力，拜占庭不断尝试利用德意志皇帝开疆拓土的野心。与此同时，拜占庭则不断利用威尼斯或阿马尔菲等意大利商业城邦（它们在名义上是皇帝的臣属和臣民）来加强海军实力。

正是这一点，导致阿莱克修斯和他的继任者决定承认意大利人在帝国首都重要的贸易权利，包括免税措施和金角湾的商人定居点。这导致居住在帝国首都的西方人数量剧增，同时意大利人在帝国经济的商业领域占据了主导地位。

来自拉丁国家的商人、骑士和冒险家继续积极参与帝国事务，这一变化具有持久的意义。因为这意味着，德意志皇帝、十字军和意大利商人日益卷入帝国内部的政治斗争，从而导致拜占庭的统治阶级和首都居民对他们的憎恨与日俱增。

尤其是，十字军和意大利城邦的代表不断卷入12世纪末困扰科穆宁家族的派系纠纷，以及1185年安格鲁斯家族发动的政变，他们推翻了科穆宁家族的统治，并引发了随后一系列争夺皇位的斗争。

西欧国家卷入拜占庭内斗的趋势在1204年达到顶峰。当时，第四次十字军东征（最初是针对埃及）在改道后来到君士坦丁堡。被废黜的帝国皇帝伊萨克二世的儿子向十字军领袖承诺了巨额酬金，要求对方帮他夺得皇位。他的确如愿以偿，成为阿莱克修斯五世，但是他无力支付酬金，十字军于是在一场暴乱中洗劫了这座城市，并在佛兰德斯伯爵鲍德温的领导下建立了自己的政权。此后的历史将证明，对于拜占庭帝国来说，这是一次毁灭性的打击。

第六章

文本、形象、空间与精神

文化与保守主义

正如我们所看到的，拜占庭帝国的意识形态包括两个要点：首先，罗马帝国的历史具有延续性；其次，皇帝对罗马帝国的全部领土具有统治权，这一点不容置疑。在中世纪历史的大部分时间里，帝国的军事行动遭遇了种种挫折，和它在古代晚期的辉煌历史相去甚远。因此，帝国当局支持的艺术作品和文化活动往往具有极强的保守性和仿古性。

在“毁坏圣像运动”中，历任皇帝（尤其是君士坦丁五世）试图重新与君士坦丁大帝的辉煌时代建立联系。比如，他们下令用十字架象征来取代教堂中的各类宗教形象，因为这是312年君士坦丁在米尔维安桥战役中见到的神迹。同样，正如我们所看到的，马其顿王朝的历任皇帝试图重新与查士丁尼时代建立联系，从而抹去有关“毁坏圣像运动”的记忆。因此，“复兴”和“净化”是帝国的代名词，但“创新”不是。

这种极为保守的意识形态导致拜占庭的文学文化（古代留下的思想遗产）中出现了更广泛的保守主义倾向。受过教育的拜占庭人从罗马帝国的“第二代智术师”（讲希腊语的东方最初接受罗马统治时发生的一场文学繁盛运动）时代继承了一种信念，即所有非教学性和非宗教性的高雅文学都应该用古希腊的阿提卡语来书写（这是古雅典人使用的希腊语，“第二代智术师”学者保存并研究了这种语言）。

6世纪，历史学家普罗柯比在很大程度上模仿了雅典历史学家修昔底德的散文风格和词汇用法，后者的《伯罗奔尼撒战争史》写于一千多年前。由于采用这样的“高雅风格”，普罗柯比必须想办法处理当时的希腊语口语中已经不再使用的古典语法形式，而且还要避免使用新词。如果某些词汇不是源自继承下来的古典词汇，那么就不能在高雅文学中使用。为了解决这个难题，古代的术语必须有所变化，以适应当代的发展。

比如，在描述圣索菲亚大教堂时，普罗柯比不能将其描述为“ekklesia”（意为“教堂”），因为在阿提卡语中，这个词的意思是“集会”。为此，他使用了另一个词“naos”。这个词的真正意思是“神庙”，但是根据“高雅风格”的要求，它比前一个词更加合适。

因此，直到拜占庭帝国末期，甚至在此后的很长一段时间内，想要写作“美文”的希腊语作家不得不用僵化的语域和基本不变的文学模式创作，这些用法都源自公元前5世纪的雅典。这样做的好处是，那些被拜占庭的学校管理者和文字模仿者视为阿提卡风格典范的古希腊作家，或是当时雅典人高度重视的古希腊作家，他们的作品都被保存下来，流传后世。拜占庭帝国的课堂教材后来都成了古希腊“经典”，因为文艺复兴时期和现代西方早期的人文主义者日后将接触到这些作品。如果拜占庭的文学氛围不是偏重古典风格的话，那么亚里士多德、柏拉图、希罗多德、修昔底德、埃斯库罗斯和索福克勒斯的作品都将失传（或许，以亚里士多德为例，只能通过翻译而部分保存下来）。

为此，拜占庭文化也付出了一定的代价。拜占庭文学中的高雅文化实际上构成了所谓的“展示性文学”，作者通常都会删除他们作品中任何带有地方色彩、个性或新奇感的内容。作家的艺术性首先表现在，他严格遵循了古典时期的文学语言和模式，对于那些不属于高雅文化圈的人来说，这样的语言和他们的生活没有关联，也没法理解（因此，当时的匿名作品几乎不可能流传下来）。

这必然意味着，即使最优秀的作品，读者也可能极为有限。在查士丁尼时代，能读懂阿提卡语是进入帝国政府的基本前提，也是整个帝国的城市精英所渴望得到的教育。事实上，普罗柯比告诉我们，他的《战争史》在罗马世界的每个角落都有人读。

然而，令人震惊的是，几乎每一部古代晚期用希腊语“高雅风格”写成的历史著作都完成于君士坦丁堡。这意味着，只有在帝国首都，才能找到大量的受过良好教育的读者（以及聆听这类文本的听众）。然而，7世纪至8世纪的波斯战争和随后的阿拉伯战争对城市造成了巨大破坏，并且导致大规模的文化混乱。随着帝国的许多城市被摧毁，幸存下来的城市人口急剧减少，大量旧的教育基础设施遭到破坏。传统的精英文化已经没法再传播到各个行省。因此，在各个地方，只有极少数读者还能够读懂用“高雅风格”写成的文本。

只有在君士坦丁堡，传统的文学教育才有可能在这一时期的社会变迁中延续。但即使在那里，教育基础设施也遭到严重破坏，并且不同政权的教育政策也有所变化。这意味着，能够真正欣赏10世纪和11世纪阿提卡语文学的读者数量可能在任何一代中都只有几百人。

在科穆宁家族统治时期，拜占庭出现了城市复兴，从而诞生了人数更多、更接近于资产阶级的听众。然而，仍然有人认为能读懂高雅作品的人并不多。据说，13世纪的历史学家尼基塔斯·蔡尼亚提斯（他写了一篇关于第四次十字军东征攻陷君士坦丁堡的生动记录）能说出所有读者的名字。

拜占庭的文学氛围也继承了“第二代智术师”时代对于修辞文本的浓厚兴趣，后者是罗马帝国高阶中学教育的基础。这些作品对于如何称颂个人、如何描述建筑、如何赞美城市都给出了详细规定和固定写法。因此，对此类作品的偏爱进一步拉开了古典作品与拜占庭现实生活之间的距离。

有评论者认为，拜占庭文学就像是某种“扭曲的镜子”，呈现了一种深刻的非古典世界的阿提卡化视角。然而，不同于这一比喻所隐含的游乐场氛围，拜占庭文学的主要目的是展示知识的精致。

“从娼妓嘴里流出的蜂蜜”

在教会的影响下，拜占庭文化的保守主义倾向被进一步强化。异教徒批评家高兴地指出，基督教《新约》的核心文本并不是用适合表达崇高思想的“高雅风格”写成的。相反，这些文本的语言是日常使用的希腊共通语，这种语言在希腊化时期成为近东地区的通用语。因此，教会内部总有一部分人认为“希腊学问”无关紧要：虔诚的基督徒所需要的只是他的《圣经》。

比如，6世纪来自安提俄克的历史学家约翰·马拉拉斯写了一部历史，涵盖了从创世到当时的全部时期。他对希腊和罗马的历史几乎没有兴趣，除非它与《圣经》的历史相吻合或揭示了上帝对人类的安排。此外，他的语言风格很朴素，更接近当时的希腊语口语，并且书中使用的文学典故全都源自《圣经》。同样，马拉拉斯的同时代人、行为古怪的亚历山大里亚商人科斯马斯写了一篇《基督教世界风土志》，其中有遥远地区动植物的大量杂乱细节，意在揭示物质世界的结构符合《圣经》中的设计。

两位作者试图传递的信息很清楚：只有“《圣经》学问”才是真正的学问。朱利安皇帝（361—363）则坚持与马拉拉斯和科斯马斯相对应的异教思想。朱利安在他的文学研究中认定，希腊精神和基督教无法兼容。如果在“拿撒勒人”（他这样来称呼基督）和荷马之间做选择，朱利安宁愿选择后者。

然而，由于政治和文化条件的限制，马拉拉斯和科斯马斯这样的学者逐渐被边缘化。在古代晚期，罗马帝国东部行省中说希腊语的精英分子意识到，在荷马、修昔底德、希罗多德和其他希腊经典作家的研究中，有一种共同的高雅文化，并且这些作家的语言风格基本一致，用的都是阿提卡风格。对于古典文化和语言的向往，成为他们自我身份认同的核心要素。如果在君士坦丁及其继任者的统治下，教会想要彻底实现整合，并建立相应的机构（正如许多教会领袖所希望的那样），那么它就必须与希腊的高雅文化（特别是希腊文学）相调和。

因此，在4世纪，恺撒利亚的圣巴西略写了一篇文章，为追求传统文学和修辞学教育的基督徒辩护，这些教育为年轻人接受更高的真理提供了必要的准备。虽然一些评论家认为希腊学问是俗话说的“从娼妓嘴里流出的蜂蜜”，但这种对风格和修辞结构的强调，使基督徒得以从古典文学中剔除异教内容和主题（无论如何，这些内容和主题都可以在基督教的寓言意义上来理解，比如赫拉克勒斯，相当于《圣经》中的大卫）。

参加大公会议的教职人员有效地利用了希腊思辨哲学的分析结构，深入探讨“三位一体”和基督神学。与此同时，在4世纪和5世纪，那些了不起的教士，比如约翰·克里索斯托，善于将古典修辞术用于布道。因此，早期教会的这些教父强化了“高雅风格”的权威性，同时将希腊《圣经》的共通语确立为一种独立的语域，它更适合与广大信徒的交流。

同样，更加通俗的语域也被认为适合用在教诲功能更为明显的世俗文学中。10世纪，君士坦丁七世在《帝国行政论》的序言中宣称：“我不想故意展示优美的文字，也不想模仿阿提卡风格，大量使用崇高的形象。我想要通过日常语言和对话性的叙述来教你了解这些知识。”因此，掌握多重语域是理解中世纪希腊语文学的关键。

拜占庭教会最终支持帝国的高度保守的高雅文化。但与此同时，教会又对这种文化进行了重新修饰。那些极具影响力的教父，比如克里索斯托或纳西昂的圣格列高利，他们的布道词和著作成了文学经典的重要补充。此外，教会在7世纪拜占庭危机期间得以生存，这意味着教会（尤其是修道院）的缮抄室在文学文本从6世纪的古代晚期世界到8世纪的中世纪世界的传播过程中可能发挥了最重要的作用。

当时，用“小写花体字母”书写的手抄本迅速推广，这加快了文学文本的传播速度，因为文本从莎草纸（古代主要的书写媒介）到羊皮纸（一旦阿拉伯人切断埃及的莎草纸供应，帝国就不得不依赖羊皮纸）的复写速度更快了。这种小写花体字母也意味着抄写员可以在每页纸书写更多单词，从而降低了抄写的成本。

教会缮抄室在文本传播过程中的核心作用，将对拜占庭思想文化的未来发展产生重大影响，因为这意味着可以仔细地剔除教会当局不赞成的大量世俗文学。同样，我们几乎不知道在古代晚期像阿里乌或聂斯脱里这样的“异端”人物究竟写了或宣扬了什么思想，我们能够知道的只有他们的对手宣称的内容。这一事实并不能说明罗马帝国晚期的专制多么有效，而很可能是拜占庭教会的缮抄室执行了严格的思想审查。

随着旧帝国的大部分城市地貌遭到破坏，以及基督教之前时代的世俗教育传统几乎被抹杀，教会已成为拜占庭文学创作的主导力量。对于8世纪末重新出现的各类文学文本而言，它们的读者群体主要是修士，这些人的品位和兴趣意味着，世俗的或非传统的内容必然会被边缘化。

当然也有例外。比如，历史学家很幸运，异教徒朱利安皇帝被认为是一个优秀的阿提卡语作家，因此他那些充满敌意的反基督教作品被拜占庭的历代誊抄员精心保存下来。

然而，由于教会在文本传播过程中的支配作用，中世纪拜占庭图书馆所收藏的书目绝大多数都涉及教会事务和基督教思想，就连古典时代的幸存作品也是如此。令人吃惊的是，在所有现存的9世纪至11世纪的拜占庭手稿中，几乎90%的手稿内容都属于宗教性质。

这甚至影响到当时文人的私人收藏（可能还有他们的眼界），比如11世纪的塞考梅诺斯将军。研究表明，在他的私人藏书（其中大部分可能是他继承的藏书）中，有十本涉及《圣经》、三十三本涉及礼拜仪式、十二本涉及修道院、三本涉及修道院的精神属性、一本伪经、四本圣徒传记、两本基督教杂著、三本教会律法专著。此外，还有十卷“世俗”文学，包括一本语法书、一部法律著作、几部编年史、一本释梦指南，以及五篇古代或古代晚期的文学作品。

正如我们所看到的，拜占庭在古希腊文学经典的传播和延续过程中起到了至关重要的作用。然而，由于宗教情感的变化，以及战争和国内冲突造成的文化错位和物质破坏，大量的文学、哲学和科学作品依旧失传。

比如，君士坦丁堡的大型公共图书馆在476年被大火烧毁。这座图书馆由君士坦提乌斯二世下令建造，用来存放世俗文献。据记载，损失的文献数量高达12万卷（可能指的是莎草纸书卷）。

9世纪，君士坦丁堡牧首、人文主义者佛提乌写了一系列笔记和评论，详细描述了他的阅读书目。这些笔记（被称为《群书辑要》）共280卷，详细介绍了386部他读过的作品，其中有233部作品涉及基督教，还有147部涉及世俗生活或异教信仰。一半以上的作品要么已经完全失传，要么只能见到残缺的片段。第四次十字军东征（以及奥斯曼帝国最终征服君士坦丁堡）对君士坦丁堡造成了巨大的破坏，这同样可能导致许多文献丢失。

形象与想象

此外，教会的保守文化造成的影响并不限于文学作品。8世纪和9世纪，关于圣像的争论迫使那些支持圣像崇拜的人提出了一个论点（基于古希腊哲学中柏拉图思想的晚期变体），他们认为圣像上所描绘的形象是对原型（基督、圣母或圣徒）的准确描绘。因此，尊重形象就是尊重原型，而不是形象崇拜（因此不属于偶像崇拜）。

在古代晚期，圣徒的个人形象已经发展出某些可识别的关键特征，不再只限于文字描述，这使得崇拜者能够准确识别相关形象中所描绘的神圣人物或圣徒。因此，圣母玛利亚的着装样式很容易辨识。尤其是在“毁坏圣像运动”之后的年代，这必然限制了艺术家或工匠的发挥空间。根据圣像代表真实形象的观点，宗教艺术应该采取自然主义的风格。但实际上，强调标准化的可识别特征导致作品的风格更接近于“速写”。这样一来，任何长着卷曲白发和鹰钩鼻的老人形象都可以被相当自信地认定为圣彼得。

此外，强调形象与“真实”原型之间的关系，意味着教会强烈反对用视觉描绘（甚至是文学描述）的手段来表现非“真实”的事物或众生，比如那些神话动物，它们或者是古代文化的遗留，或者是艺术家或作家想象的产物。教会并不喜欢文艺想象，他们认为幻想意味着与恶魔共舞。

这反过来又产生了一个有趣的结果：对于斯芬克斯、鹰头狮和其他源自古典神话世界的杂糅形象，人们的态度发生了明显转变。在古代晚期，（受过良好教育的）人们在看到这些形象时，能够理解背后的文学渊源和典故。但是在中世纪，拜占庭人在观察这些继承下来的视觉形象时，更多地认为这些形象具有魔法或者护身符的属性。因此，他们把这些形象画在护身符或者饭碗上。它们不再代表古代的文化品位，而是可供利用的魔法力量。

必要性和创新性

然而，重要的是要认识到，不管外观是否具有延续性，拜占庭几个世纪来所处的客观文化语境不可避免地产生了新的文化形式，并且激发了远比人们通常所认为的更大的创造力。虽然说“高雅风格”支配了“美文”世界，但对拜占庭文学而言这一点来得更为真切。

比如，在古代晚期，随着教会的兴起和基督教的发展，新的文学形式出现了。这些形式此后将在文学经典中发挥重要作用，超越了前面提到的布道词。其中最重要的形式是圣徒传记，或者说基督教圣徒生平记述。这类作品在最初创作时运用了朴素的风格（尽管在马其顿时代，这些作品进行了二次加工，使语域变得更加高雅）。

第一部圣徒传记由亚历山大里亚牧首亚大纳修在大约360年用希腊语写成，传主是3世纪埃及隐士、修道生活的先驱圣安东尼。在借鉴既有的世俗人物传记传统的同时，这本书生动地描述了安东尼与魔鬼的斗争，契合了古代晚期对于恶魔的迷恋。随即，许多作家开始翻译和模仿这部作品，比如5世纪的执事马克，他详细记录了4世纪加沙的圣波菲利的生平。又比如7世纪的修士乔治，他描述的对象是和他同时代的雪根的圣刁多禄，其中包括由农村社会关系所衍生的各种生动场景。

同样，在教会的支持下，新的历史写作方式开始兴起。比如，约翰·马拉拉斯的基督教《世界编年史》就是典型代表。如前所述，该书试图梳理从创世到当时的人类历史，以期待神的审判和末日的到来。马拉拉斯带有目的论的历史观，以及他对于古希腊和古罗马历史的回避，与同时代的另一位史学家普罗柯比形成了鲜明对照。普罗柯比的《战争史》并没有对任何内容采取明确的基督教立场，他关于过去的看法建立在古希腊和古罗马文明的基础上。

这两位作者的不同写作方式表明，拜占庭帝国早就有了“文化战争”存在。直到6世纪末，逐渐出现了更加明确的采取基督教立场和古典风格的历史书写形式（比如阿加提阿斯的作品，他延续了普罗柯比的工作，记录了查士丁尼时代的战争史）。教会礼仪的发展也有助于产生新的文学形式。比如，在6世纪的君士坦丁堡，罗马大教堂的领唱者用希腊语写了赞美诗，诗歌形式源自信仰基督教的闪米特人所使用的古叙利亚语。这是一种文学创新，产生于古代晚期特定的文化碰撞。

世俗文学也在经历着有趣的变化。尽管那些在6世纪和7世纪以“高雅风格”书写历史的人继续渴望用阿提卡语来创作（比如，普罗柯比表现出非凡的创作才华），但总体而言，各种文学形式开始尝试大胆的、富有创造性的融合。

因此，尽管普罗柯比写《战争史》时，从修昔底德那里借鉴了大量的词汇用法，但他同时也借用了阿里安对亚历山大战役的叙事结构，并将他对于查士丁尼政权的分析嵌入文学典故的复杂网络。此外，在他那本充满脏话的《秘史》中，普罗柯比借鉴了源自希腊小说的叙事结构和源自喜剧的词汇，同时也颠覆了颂词（用于称颂个人的演说或文稿）固有的修辞形式，对查士丁尼、狄奥多拉和他们的随行者发起了极具原创性的语言攻击。

文学体裁也出现了类似的融合，很明显的例子是塞奥菲拉克特·西莫卡塔写于7世纪的《历史》。这是用“高雅风格”的散文形式写成的一部历史著作，但它的叙事结构却源自古希腊悲剧，以被谋杀的皇帝莫里斯作为主人公。作品以历史和哲学两位缪斯女神之间的对话开始，对于严格遵循规范的人来说，这样的对话令人困惑。与塞奥菲拉克特同时代的宫廷历史学家皮西迪亚的乔治，写了一部希拉克略领导下抗击波斯的战争史（目前仅存残缺的片段）。作者以散文形式叙述了皇帝的战役，其间穿插着诗歌形式的演说。所有迹象都表明，这原本是一个充满文学创造力的时代，可惜遇上了7世纪的城市破坏和文化混乱，整个文学创作先是停滞不前，随后走向衰落。

不过，在某些地方，当阿提卡语“美文”文化的负面影响最弱的时候，中世纪拜占庭文学也出现了一些新颖的发展方向。比如，我们之前提到的长诗《狄吉尼斯·阿克里特》。10世纪左右，拜占庭东部边境的军事和社会局势为英雄史诗传统的自发涌现提供了条件。11世纪至12世纪，这种史诗传统趋于完善。第四次十字军东征后，说希腊语和拉丁语的精英之间的文化接触，促成了用希腊语创作的英雄故事，其形式借鉴了西方各国文学中的骑士传奇故事。

在拜占庭帝国的一些地区（比如希腊的摩里亚半岛或塞浦路斯岛），由于被拉丁人统治，当地的编年史也出现了一种相当独特的发展方式。社会语境的变化必然导致新文学形式的出现。

不过，就创新性和必要性之间的关系而言，拜占庭建筑和艺术的发展表现得最为明显。第二章关于君士坦丁堡的描述表明，查士丁尼之后的历任皇帝并没有充足的经济资源来建造能够媲美古代晚期的雄伟建筑。因此，8世纪至10世纪的帝国和贵族的建筑规模更小。有趣的是，教会建筑的建造原则并没有保持统一。

新建造的教堂通常采用“正方形加十字架”的式样（即，一个圆顶放置在四个弧形拱券之上，形成一个希腊十字架，底下用四根柱子或四组墩柱作为支撑，构成一个正方形）。在规模更大的这类建筑中，附加的小圆顶可以放置在十字架的四个支臂上，从中间的大圆顶向外延伸。

有人认为，这种设计可能是为了满足小型修道院的需要（最初可能出现在靠近君士坦丁堡的比提尼亚，8世纪时那里的修道院进行了扩建），但很快被广泛采用，因为它更适合中世纪早期人数减少后的教会仪式，而不是像查士丁尼时代的十字圆顶大教堂那样，能够容纳更大的人群。这是一项务实的精简计划，不过这将对东正教的未来发展产生影响。

应该指出的是，拜占庭新形式的教会建筑的传播与教会内部关于形象的斗争发生在同一时期。因此，建筑和艺术的发展很快将产生重要的协同作用。正如我们所看到的，在毁坏圣像期间，历任皇帝倾向于用十字架装饰教堂，或者用动植物的场景和图案，这让人想起君士坦丁时代大教堂的马赛克镶嵌装饰。地方贵族纷纷模仿这种风格。比如，在卡帕多西亚，军事贵族建造的教堂就显示出这种风格。他们回避了基督、圣母和圣徒的形象（不过后来又加了上去）。

但是，在古代晚期建造的帝国大型建筑中，这类形象从来就没有扮演过核心角色：因为这样的礼拜场所的内部空间实在太大，对于帝国当局来说，最合适的办法是用马赛克图案来装饰这些建筑的墙壁，这样操作更简单，速度更快，成本也最低（尤其是圣索菲亚大教堂，我们已经提到过，当时的建造过程非常匆忙）。

然而，毁坏圣像引发的争论却使形象成为一个大问题。结果，在843年支持圣像的派系获得胜利后，拜占庭教堂重新采用各类形象，并且面积比以往大得多。我们又一次见到，在原样修复的华丽辞藻下，诞生了真正的创新举措。比如，867年，牧首佛提乌在圣索菲亚大教堂的东侧后堂（见图6）为一幅巨大（并且精致）的圣母和圣婴镶嵌画举行了揭幕仪式。在仪式现场的布道词中，佛提乌将这一事件描述为原样修复。事实上，这样的形象以前从未有过。因此，形象的作用、意义和可见性都显著增强了。

在圣索菲亚大教堂，圣母和圣婴的镶嵌画产生了惊人的视觉效果。但在某种程度上，它仍隐含在整体结构中。然而，在规模较小的拜占庭教堂中（它们是中世纪早期的产物），采用图案丰富的绘画装饰有助于改变东正教礼拜仪式的心理基础和情感基础，因为教堂的内部空间更小，形象与观者之间距离更近，这意味着圣徒和信众之间的关系变得更加私密、更加直接。至关重要的是，由于需要覆盖的表面空间较少，以具象的马赛克形式进行装饰，花费的成本不多，完全可以承受。因此，这种装饰后来成为拜占庭教堂的文化标志。

与此同时，这些礼拜场所内部的形象组合也变得更加标准化（尽管从未统一）。在很大程度上，中央圆顶要留给基督（“全能的主”），有时他的身边还有圣徒和天使。考虑到高度与等级相匹配，后殿的半圆顶往往留给圣母玛利亚，她的身边通常是大天使米迦勒和加百列。在基督的下面可以看到《旧约》中描述的各位使徒和先知。在玛利亚的下面，可以看到使徒和“教会”圣徒（比如约翰·克里索斯托）在进行圣餐仪式。支撑中央圆顶的三角拱被赋予了福音书的四位作者，而弧形拱券则被给予了《新约》

图6　圣母和圣婴的马赛克镶嵌画，位于圣索菲亚大教堂的配殿，867年由牧首佛提乌揭幕

中的场景。最后，教堂正厅的剩余墙面通常留给了“世俗”的圣徒群体，比如以士兵形象出现的圣乔治、德米特里乌斯和他们的同伴。上述模式基本上沿用至今，现在进入大多数拜占庭和东正教的教堂，依然可以看到这样的空间分配。

在“毁坏圣像运动”时期，视觉艺术遭到严重破坏。然而，在这场运动之后对想象和艺术越来越普遍的重视，也造成了一些问题。因为在这场运动结束后，马其顿王朝的历任皇帝试图回到查士丁尼时代具有强烈的自然主义风格和富有表现力的艺术传统。然而，在6世纪和7世纪的战争和城市动乱中，复制和模仿这种艺术所需的许多技能已经失传。因此，必须通过小心复制古代晚期的遗存来逐步地重新学习这些技能。

这是一个缓慢而艰苦的过程，一直到11世纪和12世纪，才最终达到预期的结果，然后到了13世纪和14世纪，又朝着新的方向发展（见图7）。此外，随着这座古色古香的城市大多被摧毁，古代晚期艺术赖以生存的公共空间在很大程度上也随之消失。因此，起源于古代晚期公共艺术领域的形象和式样（比如建筑物上端的带状装饰和柱子上描绘的场景）被挪用到家庭和私人环境：尤其是手稿画饰、象牙和搪瓷器具。

值得注意的是，在古代晚期，城市里到处可见真人大小（甚至更大）的权贵、皇帝和其他人的雕像。但是在中世纪的拜占庭，制作此类雕像的传统已经消失。虽然有记载称，安德洛尼卡一世（1183—1185）曾计划为自己竖立一座铜像，这表明也存在某种形式的科穆宁式的雕塑复兴。

图7 耶稣基督的马赛克镶嵌画，位于圣索菲亚大教堂南侧，创作时间大约在1261年拜占庭人收复这座城市后不久

结果（如第二章所述），许多在中世纪来到拜占庭的人非常惧怕君士坦丁堡数量众多的古代雕像：它们被认为是一个陌生时代的产物，具有魔法和预言能力，或者被当作魔鬼的居所。甚至一些有文化的人和受过教育的人也赞同这种观点。比如，8世

纪有一本名为《城市简介》的君士坦丁堡建筑指南，作者采取超自然主义的立场来看待这些雕像。拜占庭文明的伟大学者西里尔·曼戈指出，这本小册子告诉我们，拜占庭人是如何看待这些雕像的。书中使用了一个标准的中世纪拜占庭希腊语单词，它在现代希腊语中的意思是鬼，或者“附在某个特定地方上的灵魂”。

自由思想家

古代文学和哲学文本的残存和传播，以及学者们的持续研究（即使在某些时候，只有少数学者在从事相关研究）意味着，拜占庭人的艺术观、文化观和宗教观并非一成不变，并且总会有一些思想敏锐的人能够欣赏古代的、高雅的，或者用他们自己的话说，特别的作品。

比如，在13世纪早期，历史学家尼基塔斯·蔡尼亚提斯惊恐地注意到，第四次十字军东征的骑士毁掉了君士坦丁堡的许多古代雕像，他抨击了这一做法，并称这些骑士是“不懂得欣赏美的野蛮人”。对尼基塔斯来说，这些雕像并不是什么可怕的事物。相反，它们是艺术品，当它们遭受破坏的时候，人们应该哀悼。因此他写道，狮身人面像（遭到了教会的谴责）“从前面看，像美丽的女人；从后面看，像可怕的野兽。它以一种新发明的仪态漫步前进，灵巧的翅膀高高举起，足以媲美展开翅膀的大鸟”。

同样在13世纪，西奥多二世（位于尼西亚的拜占庭“帝国”统治者，在拉丁人短暂统治君士坦丁堡期间，他在小亚细亚西部保持独立）在描述帕加马的古代遗迹时，表达了他对古代的深切崇敬：他声称，环绕着古代剧院的塔楼，“既不是现代人的杰作，也不是现代人的发明，光是看到这些建筑，就足以让人震撼”。他还宣称，“去世者的作品比在世者的更美”。

纵观拜占庭的整个历史，这样的自主思想可能会给教会带来麻烦。比如，在6世纪和7世纪，向死去的圣徒祈祷的做法受到了挑战，因为亚里士多德教导说，身体和灵魂相互依赖，因此在失去其中一方后，另一方也无法生存。

同样，在11世纪，具有一半诺曼人血统的哲学家约翰·伊塔鲁斯（他可能是拜占庭最伟大的知识分子米哈伊尔·普塞路斯的学生）也被禁止教书，并被拘禁在修道院内，因为他（除了其他出格的想法之外）试图将哲学辩证法应用于基督学，将异教徒的信条（比如，世界的永恒性）应用于宇宙学，并且主张柏拉图的灵魂轮回等概念具有现实性。我们应该注意到，许多同情约翰的人都是教士，对他的谴责带有政治动机作用下表演性审判的所有特征，但是他被攻击的原因依然值得深思。

在中世纪末期的拜占庭，新柏拉图主义学者乔治·格弥斯托士（约1360—1452）在晚年（此时已改名“卜列东”）提倡崇拜修订版的以宙斯为首的希腊万神（尽管他本人参与了帝国与教皇之间的神学谈判）。卜列东与自己生来就接受的宗教令人吃惊的决裂足以说明，或许基督教和希腊精神之间的紧张关系从未彻底得到解决。卜列东觉得他必须在二者间做出选择，而且就像在他之前的朱利安皇帝一样，他最终也选择了希腊精神。

第七章

帝国的终结

罗马人、法兰克人、希腊人和突厥人

1204年，拉丁人攻陷并洗劫了君士坦丁堡，这对于拜占庭是个毁灭性的打击，此后它再也没能恢复。在这座城市沦陷期间，关于各种暴力事件的骇人听闻的描述，比如强奸修女、毁坏圣像、洗劫教堂等，传遍了东西方。幸存下来的艺术品、雕像和圣物，有许多被掠夺或出售，最后运到西方，成为意大利城市（最著名的是威尼斯，它曾是拜占庭建立的定居点）以及其他西方基督教国家的修道院和大教堂的装饰品。

可以理解的是，许多西方人对1204年的洗劫事件有着强烈的道德不安，他们不得不为十字军（包括拉丁神职人员）参与的“神圣盗窃”编造复杂的神学借口，将其归于天意。同样可以理解的是，许多东方人对于西方人的反应都是充满敌意：拉丁人或法兰克人逐渐成为拜占庭人心目中用于确立自我身份的“他者”。就宗教身份而言，尤其如此。

自从罗马城脱离了罗马帝国的直接管理，拜占庭与罗马主教或教皇之间的关系就呈现周期性的紧张状态。特别是从8世纪和

9世纪开始，西方教会（由教皇领导）和拜占庭教会（由君士坦丁堡牧首领导）开始在实践和惯例方面分道扬镳。

到11世纪，教皇成为独立自主的政治力量，这加剧了双方的紧张关系。结果，东西方之间在1054年出现了短暂的“分裂”。然而，教皇、皇帝和牧首仍然能够在情况需要时（正如第一次十字军东征的历史背景所表明的那样）携手合作。但1204年之后，这样的合作不可能再出现。实践的差异逐渐固化成神学思想上的分歧，特别是对于教义的拉丁文补充。务实的皇帝，比如米哈伊尔八世·巴列奥略（1261—1282），试图向教皇妥协，以求恢复教会内部的统一。他心里很清楚，拜占庭仍然会遭到西方的攻击，但是他需要拉丁人的支持，共同对抗突厥人。但是，拜占庭教会变得越来越不服从命令。米哈伊尔八世联络教皇的做法被一些人认为是不虔诚的行为。东正教（他们对于罗马城充满敌意）和拜占庭身份正在融为一体。

与此同时，拉丁人占领君士坦丁堡这一事实，导致拜占庭受过良好教育的精英阶层开始重新思考希腊文化对于他们身份的影响。正如我们所看到的，拜占庭人总是把自己看作罗马人（并且他们的东方邻居也总是这样称呼他们）。然而，从8世纪开始，这种罗马人身份受到西方人（比如，加洛林王朝和奥托王朝的皇帝）的挑战，他们同样希望继承罗马帝国的遗产，于是将拜占庭人称为“希腊人”，以此作为区分。

对拜占庭人来说，“希腊人”一词在传统上并不是作为种族名称，而是宗教名词，意思是异教徒。然而，在1204年之后，拜占庭的知识分子主动接受了外部强加给他们的希腊人身份，并将其作为抵抗拉丁人入侵和统治的一种形式。由此开始了一个渐进的转变过程，罗马东正教身份开始被希腊东正教身份所取代。

在政治上，十字军攻陷君士坦丁堡导致了拜占庭的内部分裂，因为征服者任命了佛兰德斯伯爵鲍德温作为新的皇帝（1204—1205），同时还任命了一位拉丁牧首。西方征服者还打算在希腊的帖撒罗尼迦及其周边地区建立统治，包括希腊北部和马其顿以及希腊南部和伯罗奔尼撒的相邻地区，拉丁冒险家已经在那里开辟了自己的领地。然而，塞浦路斯、塞尔维亚和保加利亚已经脱离了帝国的控制。与此同时，在黑海沿岸的特拉布宗、小亚细亚西部的尼西亚、希腊中西部和西北部的伊庇鲁斯地区，冒出了许多说希腊语的东正教自治政权，他们均声称自己是“新罗马”君士坦丁堡的皇位继承人。

拜占庭的这些“流亡政府”互相争夺，从未形成统一的国家。即便米哈伊尔八世在1261年以尼西亚为根据地，将拉丁人赶出君士坦丁堡，恢复了帝国的基本面貌（拉丁人的统治从一开始就很脆弱。1207年，他们在保加利亚人手里遭受重创），也没能改变内乱的局面。特拉布宗帝国（在科穆宁家族成员的领导下）自行其道，财源广进，因为它们是丝绸之路最西端的主要货物集散地。而伊庇鲁斯帝国一直保持独立，直到14世纪被塞尔维亚人征服。在希腊南部和塞浦路斯，当地的拉丁政权也在坚持，他们的领袖与当地说希腊语的政治精英（即“执政官”）建立了密切的共生关系，双方达成密谋，共同剥削农民。

在此期间，君士坦丁堡一直是商业和国际贸易的中心。然而，贸易带来的收益大都落入外国商人和拜占庭贵族的手中（他们越来越多地在意大利的银行存储资金）。相比之下，帝国内部的政治分裂意味着拜占庭政府变得更加贫穷，为了确保生存，他们甚至比以往更加依赖于挑拨其对手相互竞争。

比如，1282年，在被称为“西西里晚祷”的事件中，拜占庭当局不仅发动了当地人起义，而且支持阿拉贡军队入侵西西里，以阻止法国国王路易九世（他声称拥有君士坦丁堡拉丁帝国的统治权）的兄弟安茹的查理发动重新征服西西里的战争。法兰克人编写的《摩里亚编年史》认为，拜占庭人利用欺骗和诡计与法兰克人作战。

帝国财政枯竭的一个标志是，1343年（当时正值内战），拜占庭皇冠上的珠宝被抵押给了威尼斯（当时威尼斯仍然是帝国商业生活中的主要力量）；同时，在1354年至1366年间的某个时候，帝国政府停止了铸造金币（帝国使用金币的传统源自君士坦丁皇帝）。

然而，帝国的文化生活却蓬勃发展。重新强调拜占庭身份中的希腊元素，促使帝国的知识分子真正接触到文学和哲学领域的古典传统（特立独行但才华横溢的卜列东就是个典型的例子），并且大量的拉丁文作品（从西塞罗到托马斯·阿奎那）首次被翻译成希腊语。

最重要的是，在巴列奥略王朝，拜占庭的宗教艺术达到了创作巅峰，将强烈的神秘感（当时神学发展趋势的产物）和叙事场景的新颖表现结合在一起。由14世纪的学者型政治家西奥多·梅托奇蒂斯创立的一所修道院教堂（现伊斯坦布尔的卡里耶博物馆），其内部的壁画和马赛克镶嵌画保存至今，生动地展示了拜占庭晚期艺术的高超水准，足以与同时代意大利的艺术水平相媲美（见图8）。

拜占庭的文化威望依然在延续，重要标志之一就是，拜占庭艺术不断被其他地区模仿和复制，其影响范围远远超出了帝国的政治版图。尤其在巴尔干半岛以及后来在俄罗斯，一位活跃于诺夫哥罗德和莫斯科的艺术家（人称"希腊人塞奥法尼斯"）将拜占庭艺术发扬光大，并赋予了强烈的精神力量。

然而，正如过去经常发生的那样，拜占庭东部边境的力量重构最终决定了帝国的命运。尼西亚的拜占庭政府能够首先遏制并消灭君士坦丁堡的拉丁政权，这在很大程度上得益于塞尔柱突厥人相对平静的本性，双方通过谈判保持了相对和平的关系。然而，与之前阿巴斯王朝哈里发统治的衰退类似，13世纪的塞尔柱突厥人也全面衰败。他们在对抗罗马基督徒（这是突厥人对拜占庭的认知）的圣战中所起到的积极领导作用也逐渐消失，取而代之的是一系列具有突厥血统和宗教动机的边境军事领袖，这些人又被称为"加奇"（意思是"信仰的捍卫者"）。

1243年，当塞尔柱突厥人被迅速扩张的蒙古势力击败时（蒙古帝国不仅向西方扩张并将波斯纳入版图，而且扩张到了东方），这些"加奇"的自治权得到了极大的强化。此时，塞尔柱突厥人已经沦为蒙古帝国管辖下的波斯伊尔汗国的附属国，彻底消亡。

图8　描绘西奥多·梅托奇蒂斯将修道院献给基督的马赛克镶嵌画（14世纪），现收藏于伊斯坦布尔的卡里耶博物馆

“罗马的古老荣耀究竟怎么了？”

边境地区的军事团体“加齐”不断扩张，一心想要填补塞尔柱人衰落造成的权力真空，他们能够从基督教邻国那里赢得战利品和奴隶，因此迅速积累了一批追随者，声望与日俱增。尤其是，由奥斯曼（约1324年去世）、奥尔汗（约1324—1362）和穆拉德一世（1362—1389）建立的王朝，从位于安纳托利亚西北部的根据地迅速向西扩张，对抗元气大伤的拜占庭帝国，并且向东、南两面不断扩张，对抗同样具有突厥血统的竞争对手。

重要的是，这些“奥斯曼”突厥人（以奥斯曼的名字命名）在1354年成功地将势力范围拓展到欧洲。他们先是占领了加利波利，随后又控制了马其顿和保加利亚。1389年，在一次决定性的交锋中，他们在科索沃战役中击败了塞尔维亚大公拉扎尔，标志着基督教阵营的迅速崩溃，并为穆斯林突厥人在巴尔干半岛大规模定居开辟了道路，他们愿意提供军事服务以换取土地。1396年，突厥人还在尼科波利斯战役中击败了一支规模庞大的十字军增援部队，苏丹巴耶济德一世（1389—1402）一路攻入匈牙利，将势力扩展到多瑙河以南。此时，拜占庭帝国发现自己被包围了，之前他们已被迫从小亚细亚撤离。

从君士坦丁堡的角度来看，形势非常严峻。自从第四次十字军东征以来，拜占庭的统治阶级清楚地认识到，他们的帝国不可能永远延续，而是像所有其他帝国一样，不仅会衰落，而且会灭亡。实际上，早在14世纪初，学者型政治家西奥多·梅托奇蒂斯就承认了这一点。

现在看来，毁灭似乎迫在眉睫。曼努埃尔二世亲自前往西方寻求援助，这表明事情有多么危急。在巴黎，他受到索邦大学教授的款待，并且住在卢浮宫。1400年的圣诞节，他与英格兰国王亨利四世在位于埃尔特姆的宫殿共进晚餐。亨利的朝臣乌斯克的亚当这样写道："我暗自思量，这位了不起的基督教君主居然被萨拉森人从最东端驱逐到这些最西端的岛屿，他该是多么悲伤……上帝啊，罗马的古老荣耀究竟怎么了？"

曼努埃尔二世虽然受到尊重，却很少得到实际支持。如果拜占庭教会不能与罗马教会结成联盟，西方各国就不会做出实质性的军事承诺。然而，1204年的事件所造成的深远影响，使得拜占庭教会的大多数领袖永远无法接受与西方结盟，因为他们知道，在君士坦丁堡无论是否有皇帝坐上王位，真正的宗教总是有能力生存下去。因此，虽然1439年在佛罗伦萨大公会议上，曼努埃尔的继任者约翰八世（1425—1448）基本上全盘接受了西方的要求，承认罗马教皇至高无上的地位，但他的妥协却遭到了东方主教们的断然拒绝。俄国的东正教统治者也发表声明，谴责了他在宗教方面的投降行径。他们声称自己才是君士坦丁的真正继承人，他们的首都莫斯科是"第三罗马"。

事实上，拜占庭受到的压力在15世纪初略有缓解。1402年，奥斯曼军队在安卡拉战役中被蒙古人击败。这引发了巴耶济德的几个儿子之间旷日持久的内战，穆罕默德一世（1413—1421）最终获胜，他迅速掌控了奥斯曼帝国，并重新开始对外扩张。

君士坦丁堡当局试图利用奥斯曼王朝和宫廷内部的斗争（但通常支持失败的一方），再次绝望地寻求谈判来延续生存，他们甚至愿意承认奥斯曼帝国至高无上的统治地位。然而现在，没有一支足够强大的军事力量来对抗突厥人。因此，对手采取一致行动来攻占这座城市只是时间问题，因为随着火药和大炮的出现，这座城市迄今为止坚不可摧的城墙（1204年十字军攻陷君士坦丁堡的时候利用了海防的漏洞）正变得越来越脆弱。

在恺撒的宫殿中

随着一位年轻的王子渴望在战场上建立功勋，拜占庭帝国的末日悄然到来。1451年，年仅十九岁的穆罕默德二世（1451—1481）成为奥斯曼苏丹，当时的拜占庭皇帝君士坦丁十一世（1449—1453）策划阴谋，试图阻止穆罕默德上位。这给后者提供了开战的借口，为此他精心准备，在博斯普鲁斯海峡修建了巨大的防御工事，对海上交通实行管制，逐步扼杀这座城市。1453年4月6日，在海上袭击的同时，他下令猛攻城墙。

在加泰罗尼亚和意大利雇佣兵的协助下，拜占庭的抵抗非常顽强，平民和修女在城墙上运送补给，为军队提供援助。然而，突厥人的军事压力无法阻挡。最初，穆罕默德和他的将领让非正规军先去进攻城墙，目的在于消耗城防实力。当这些一心贪图战利品的冒险家（包括信奉基督教的希腊人和斯拉夫人）被击退后，安纳托利亚突厥人的正规军队和精锐的近卫军才上阵冲锋。

最终，在布拉切奈附近的城墙西北角发现了一处缺口，据说圣母玛利亚在626年曾在那里干扰了阿瓦尔人的进攻。然而，此刻已没有了神的佑护。当奥斯曼帝国的军队蜂拥而至穿过城墙，在整座城市内四散进攻时，君士坦丁十一世和他的随从做出了英勇的举动，他们加入了混战。据当时的资料记载，皇帝的尸体从未被发现。有人说一个天使将他从现场拯救出来，把他变成大理石像，藏在一个山洞里，有朝一日他会回来解救他的人民（见图9）。

随着突厥人的旗帜在城市上空升起，一些城市外围的社区，比如西南角的斯图迪奥斯先驱者圣约翰教堂附近的民众，或者东北角加拉塔（佩拉）的拉丁商人区，正式向突厥人投降。这些社区得以幸免，私人财产和礼拜场所基本完好无损。至于其余社区则遭受大难。根据圣战规定，军队有三天的时间来掠夺这座城市，并且可以强暴、屠杀或奴役其居民。

然而，所有的公共建筑都属于苏丹穆罕默德二世，他已经被授予“征服者”的头衔（见图10）。许多居民逃到圣索菲亚大教堂避难，这里随即遭到猛烈袭击。穆罕默德来到现场，宣布这座教堂应该立即改成清真寺。当宣礼员在讲坛上念宣礼词时，穆罕默德登上空荡荡的祭坛，带头祷告。据称，在感谢真主帮助他们获胜后，穆罕默德参观了旧宫殿建筑群中被毁坏的厅堂，在那里他轻声念着一位波斯诗人的诗句：“蜘蛛在恺撒的宫殿中织窗帘；猫头鹰在阿夫拉夏卜的塔楼里报时。”

图9 16世纪克里特人临摹的《智者利奥神谕》中的微型画，描绘了君士坦丁十一世复活的场景

图10　“征服者”穆罕默德闻着玫瑰的香味，出自“宫廷画册”，哈齐内2153，10a对开

帝国景象

1453年君士坦丁堡沦陷后不久，奥斯曼帝国陆续征服了拜占庭的大部分领土。1461年，特拉布宗被纳入奥斯曼帝国的版图，标志着从1204年以来一直延续的科穆宁自治王国的灭亡。重要的是，蓬塔斯地区的大量希腊人被迫迁居君士坦丁堡。穆罕默德二世渴望恢复繁荣，并最终将君士坦丁堡确定为正在扩张的帝国的首都。

将君士坦丁堡作为统治中心，穆罕默德和他的继任者不可避免地要利用拜占庭的政治和文化遗产。苏丹迫切希望拜占庭贵族中幸存的成员为他效劳（虽然他已经消灭了贵族的主要成员）。一些说希腊语的大臣（其中许多人皈依了伊斯兰教）授予他古代皇帝头衔"巴西琉斯"。东正教牧首职位得到恢复，牧首将领导帝国境内说希腊语的东正教臣民，并对其负责（在未来几个世纪内教会将成为希腊身份赖以生存的主要载体）。

此外，穆罕默德和他的继任者决心在拜占庭统治者的基础上再接再厉：他们将拜占庭统治者的石棺埋在日常发号施令的托普卡比宫下面，其中就包括希拉克略，他的坟墓原本在圣使徒教堂。后来，那座教堂被拆除，取而代之的是一座清真寺，用于纪念"征服者"穆罕默德。

从现在起，奥斯曼帝国统治下的君士坦丁堡是一个以穆斯林为主的城市，但这里仍然居住着大量的基督徒。比如，在东正教牧首的周围，将会形成新的说希腊语的精英群体，包括中间人和官员（他们被称为“法纳尔人”，因为牧首的驻地在法纳尔区）。这些精英中的许多人声称自己具有拜占庭血统（基本上都是假的），并且到了18世纪依然效仿“第二代智术师”的方式，用阿提卡风格的希腊语写作。

当然，在1923年奥斯曼帝国被废除之前，君士坦丁堡仍然是一座帝国城市，说希腊语的基督徒、亚美尼亚人和犹太人仍然是重要组成部分。直到1960年，最后一个具有一定规模的希腊人群体才在一场政治因素导致的大屠杀中遭到驱逐。

的确，君士坦丁堡非常适合作为帝国首都，它是拜占庭伟大遗产的一部分。因此，随着奥斯曼帝国在18世纪至19世纪开始衰落，周边强国都贪婪地盯着这座城市，想要在那里确立自己的统治地位。俄罗斯沙皇尤其如此，他们渴望将君士坦丁堡重新改造成基督教城市（比如，在第一次世界大战中，一位希腊人血统的俄罗斯官员甚至受命带上十字架，准备在俄罗斯占领君士坦丁堡时，将这个十字架放置在圣索菲亚大教堂的顶端）。

以君士坦丁堡为首都，重建基督教帝国，这样的梦想直到1922年才宣告终结。当时在康斯坦丁一世的统治下，新成立的希腊王国派出军队，疯狂抢占小亚细亚西部的土地（那里有大量说希腊语的居民区）。结果，他们被凯末尔·阿塔图尔克（“土耳其国父”）率领的部队击败，溃不成军。阿塔图尔克赶走了希腊人，宣布成立共和国，正式将君士坦丁堡更名为伊斯坦布尔，并且改立安卡拉为新的首都。

当然，拜占庭留下了丰富的文化遗产，东正教的礼拜仪式、艺术和音乐，以及教会内部的学者和知识分子，都在其中起到了一定的传承作用。早在1453年拜占庭陷落之前，他们中的许多人就移民到了意大利，专门从事希腊研究的教学。如果说启蒙运动信奉的哲学理念刻意贬低拜占庭的文化和政治成就，那么他们称得上是数典忘祖，因为启蒙运动的根基是古典作品中的思想形态。很大程度上，这要归功于拜占庭人文主义者的努力，是他们保存并传播了古希腊文本。

既然启蒙运动的论断似乎并不那么可靠，我们或许应该更加欣赏这样一个传承千年的古老文明的丰富性和复杂性。正如我们在叶芝的诗歌中所看到的，或者在现代作曲家约翰·塔弗纳的音乐中所感受到的，在帝国终结之后，这样的文明依旧能够激励人们不断前行。

译名对照表

A

Abbasids 阿巴斯王朝
Abd al-Malik 阿卜杜勒·麦利克
Adam of Usk 乌斯克的亚当
Agathias 阿加提阿斯
Alexander the Great 亚历山大大帝
Alexandria 亚历山大里亚（地名）
Alexius I Comnenus 阿莱克修斯一世·科穆宁
Alexius II 阿莱克修斯二世
Alexius IV 阿莱克修斯四世
Alexius V 阿莱克修斯五世
Alp Arslan 阿尔普·阿尔斯兰
Ammianus Marcellinus 阿米亚努斯·马塞林努斯
Andonikos I 安德洛尼卡一世
Angeloi dynasty 安格鲁斯王朝
Anicia Iuliana 安西亚·尤利安娜
Ardashir 阿尔达希尔一世
Arius 阿里乌
Aurelian 奥勒良
Aurelius Victor 奥勒留·维克托
Avars 阿瓦尔人

B

Baldwin of Flanders 佛兰德斯伯爵鲍德温
Bardas Skleros 巴尔达斯·斯科莱鲁
Basil I 巴西尔一世
Basil II 巴西尔二世
Bayezid I 巴耶济德一世
Bithynia 比提尼亚
Blachernai 布拉切奈
Bohemond 博希蒙德
Book of Ceremonies《礼典》
Book of the Prefect《市政手册》
Boris Michael 鲍里斯·米哈伊尔

C

Cappadocia 卡帕多西亚
Cecaumenos 塞考梅诺斯
Chalcedon 卡尔西顿
Constans I 君士坦斯一世
Constans II 君士坦斯二世
Constantine I 君士坦丁一世
Constantine II 君士坦丁二世
Constantine V 君士坦丁五世
Constantine VII 君士坦丁七世
Constantine XI 君士坦丁十一世
Constantine I of Greece 希腊的康斯坦丁一世
Constantius I 君士坦提乌斯一世
Constantius II 君士坦提乌斯二世

D

Danielis 达尼埃利斯

参考文献

第一章 何为拜占庭?

On the reception of Byzantium from the Renaissance to the Enlightenment, see G. Ostrogorsky *History of the Byzantine State* (Oxford, 1968) chapter 1.

For Themistius, see *Politics, Philosophy and Empire in the Fourth Century: Themistius' Select Orations* tr. P. Heather and D. Moncur (Liverpool, 2001).

Aurelius Victor *Liber de Caesaribus* tr. H. W. Bird (Liverpool, 1994).

C. Williams *The Arthurian Poems of Charles Williams* (Cambridge, 1982).

On Yeats, see R. Nelson 'The Byzantine Poems of W. B. Yeats' in his *Hagia Sophia 1850–1950: Holy Wisdom Modern Monument* (Chicago, 2004).

Epigraph taken from Charles Williams, *Taliessin through Logres*, with kind permission of David Higham Associates.

第二章 "统治之城"君士坦丁堡

Ammianus Marcellinus *Res Gestae* tr. J. C. Role (Cambridge, MA, 1935).

A. Berger *Accounts of Medieval Constantinople: The Patria* (Cambridge, MA, 2013).

For the 'Book of the Prefect', see *Roman Law in the Later Roman Empire* tr. E. H. Freshfield (Cambridge, 1938), or J. Koder *Das Eparchenbuch Leons des Weisen* (Vienna, 1991).

Constantine Porphyrogenitus *The Book of Ceremonies* tr. A. Moffatt and M. Tall (Canberra, 2012).

P. Magdalino *Studies in the History and Topography of Byzantine Constantinople* (Aldershot, 2007).

For priapic bear, clowns, etc., see E. Maguire and H. Maguire *Other Icons: Art and Power in Byzantine Secular Culture* (Princeton, 2006).

Procopius *Secret History* tr. G. Williamson and P. Sarris (New York and London, 2007).

Procopius *History of the Wars, Secret History, Buildings* tr. H. B. Dewing and G. Downey (Cambridge, MA, 1914–40).

For statues, see S. Bassett *The Urban Image of Late Antique Constantinople* (Cambridge, 2004).

第三章　从古代到中世纪

Acts of the Council of Constantinople of 553 tr. R. Price (Liverpool, 2009).

For Islam as a 'nativist reaction', see P. Crone and M. Cook *Hagarism and the Making of the Islamic World* (Cambridge, 1977).

第四章　拜占庭与伊斯兰

Digenis Akritis: The Grottaferrata and Escorial Versions tr. E. Jeffreys (Cambridge, 2006).

For Manuel II, see *Manuel II Palaiologos: Dialoge mit einem Muslim* tr. K. Fürstel (Würzburg, 1995).

E. McGeer *Sowing the Dragon's Teeth: Byzantine Warfare in the Tenth Century* (Washington, DC, 1995).

第五章　生存策略

For the concept of 'Byzantine Commonwealth', see D. Obolensky *The Byzantine Commonwealth* (London, 1971).

For the concept of a Byzantine 'feudal revolution', see M. Whittow 'The Middle Byzantine Economy (600–1204)' in J. Shepard (ed.) *The Cambridge History of the Byzantine Empire* (Cambridge, 2008), and P. Sarris 'Large Estates and the Peasantry in Byzantium', *Revue Belge de Philologie et d'Histoire* 90 (2012).

The Complete Works of Liudprand of Cremona tr. P. Squatriti (Washington, DC, 2007).

Constantine Porphyrogenitus *De Adminstrando Imperio* tr. R. J. H. Jenkins (Washington, DC, 1967).

Anna Komnene *The Alexiad* tr. E. R. A Sewter and P. Frankopan (London and New York, 2009).
The Strategikon of the Emperor Maurice tr. G. T. Dennis (Philadelphia, 1984).

第六章　文本、形象、空间与精神

Agathias *Histories* tr. J. D. Frendo (Berlin, 1975).
Athanasius *The Life of Antony and the Letter to Marcellinus* tr. R. C. Gregg (Mahwah, 1979).
A. Cameron and J. Herrin *Constantinople in the Early Eighth Century: The Parastaseis Syntomoi Chronikai* (Leiden, 1984).
The Chronicle of John Malalas tr. E. Jeffreys, M. Jeffreys, and R. Scott (Melbourne, 1986).
For the Church and visual culture, see E. Maguire and H. Maguire *Other Icons: Art and Power in Byzantine Secular Culture* (Princeton, 2006).
For Cosmas, see *La Topographie Chrétienne de Cosmas Indicopleuste* tr. W. Wolska-Conus (Paris, 1968–73).
For 'distorting mirror', see C. Mango 'Byzantine Literature as Distorting Mirror' in M. Mullett (ed.) *Byzantium and the Classical Tradition* (Birmingham, 1981).
For the library of Cecaumenos, see C. Mango *Byzantium: The Empire of New Rome* (London, 1983), chapters 6 and 13.
O City of Byzantium! Annals of Niketas Choniates tr. H. J. Magoulias (Michigan, 1984).
Photius *The Bibliotheca* tr. N. Wilson (London, 1994).
Procopius *The Secret History* tr. G. A. Williamson and P. Sarris (London, 2007)—includes discussion of his other works.
For responses to statues, see E. Maguire and H. Maguire *Other Icons: Art and Power in Byzantine Secular Culture* (Princeton, 2006), and C. Mango 'Antique Statuary and the Byzantine Beholder', *Dumbarton Oaks Papers* 17 (1963).
For Romanos and the development of Byzantine verse, see C. A. Trypanis *The Penguin Book of Greek Verse* (New York and London, 1971).
Theophylact Simocatta *History* tr. M. and M. Whitby (Oxford, 1985).
St Basil on the Value of Greek Literature ed. N. Wilson (London, 1975).
The Works of the Emperor Julian tr. W. C. Wright (Cambridge, MA, 1913).

第七章　帝国的终结

For Byzantine influences on the music of John Tavener, listen, for example, to his *Two Hymns to the Mother of God* (1985).

On Manuell II in the West and Mehmed II in Constantinople, see S. Runciman *The Fall of Constantinople 1453* (Cambridge, 1965).

扩展阅读

M. Angold *Byzantium: The Bridge from Antiquity to the Middle Ages* (2001).
A. Cameron *Byzantine Matters* (Princeton, 2014).
A. Cameron *The Byzantines* (New York, 2009).
C. Mango *Byzantium: The Empire of New Rome* (London, 1983).
C. Mango *The Oxford History of Byzantium* (Oxford, 2002).
J. Shepard (ed.) *The Cambridge History of the Byzantine Empire c.500–1492* (Cambridge, 2008).

第一章　何为拜占庭?

J. Bardill *Constantine: Divine Emperor of the Christian Golden Age* (Cambridge, 2012).
T. D. Barnes *Constantine: Dynasty, Religion and Power in the Later Roman Empire* (New York, 2010).
P. Brown *The World of Late Antiquity* (London, 1971).
P. Stephenson *Constantine: Unconquered Emperor, Christian Victor* (London, 2009).

第二章　“统治之城”君士坦丁堡

S. Bassett *The Urban Image of Late Antique Constantinople* (Cambridge, 2004).
J. Harris *Constantinople: Capital of Byzantium* (London, 2007).

P. Magdalino *Studies in the History and Topography of Byzantine Constantinople* (Aldershot, 2007).
C. Mango *Byzantine Architecture* (London, 1986).
C. Mango *Le développement urbain de Constantinople* (Paris, 1985).

第三章　从古代到中世纪

A. Cameron *The Mediterranean World in Late Antiquity, c.395-700* (London, 2011).
G. Dagron *Emperor and Priest: The Imperial Office in Byzantium* (Cambridge, 2003).
J. Haldon *Byzantium in the Seventh Century: The Transformation of a Culture* (Cambridge, 1993).
J. Howard-Johnston *Witnesses to a World Crisis* (Oxford, 2010).
P. Sarris *Empires of Faith: The Fall of Rome to the Rise of Islam* (Oxford, 2011).

第四章　拜占庭与伊斯兰

L. Brubaker and J. Haldon *Byzantium in the Iconoclast Era, c.680-850, A History* (Cambridge, 2010).
R. Hoyland *Seeing Islam As Others Saw It* (Princeton, 1997).
C. Robinson (ed.) *The New Cambridge History of Islam, Volume One: The Formation of the Islamic World, Sixth to Eleventh Centuries* (Cambridge, 2011).
I. Shahid *Byzantium and the Arabs in the Fifth Century* (Washington, DC, 1989).

第五章　生存策略

M. Angold *The Byzantine Empire 1025-1204* (London, 1984).
P. Frankopan *The First Crusade: The Call From the East* (London, 2012).
C. Holmes *Basil II and the Governance of Empire* (Oxford, 2005).
P. Magdalino *The Empire of Manuel I Komnenos, 1143-1190* (Cambridge, 1991).
D. Obolensky *The Byzantine Commonwealth* (London, 1971).
J. Shepard and S. Franklin *Byzantine Diplomacy* (Aldershot, 1992).
P. Stephenson *Byzantium's Balkan Frontier: A Political Study of the Northern Balkans 900-1204* (Cambridge, 2006).
M. Whittow *The Making of Orthodox Byzantium* (London, 1996).

第六章　文本、形象、空间与精神

J. Baun *Tales From Another Byzantium: Celestial Journey and Local Community in the Medieval Greek Apocrypha* (Cambridge, 2007).

R. Cormack *Byzantine Art* (Oxford, 2000).

A. Kaldellis *Hellenism in Byzantium* (Cambridge, 2007).

P. Lemerle *Byzantine Humanism* (Canberra, 1987).

R. Macrides (ed.) *History as Literature in Byzantium* (Aldershot, 2010).

E. Maguire and H. Maguire *Other Icons: Art and Power in Byzantine Secular Culture* (Princeton, 2006).

C. Mango *The Art of the Byzantine Empire 312–1453* (Toronto, 1986).

C. Mango *Byzantine Architecture* (Milan, 1986).

C. Mango *Byzantium: The Empire of New Rome* (Oxford, 1983).

第七章　帝国的终结

A. T. Aftonomos *The Stream of Time Irresistible: Byzantine Civilisation in the Modern Popular Imagination* (Montreal, 2005).

D. Angelov *Imperial Ideology and Political Thought in Byzantium 1204–1430* (Cambridge, 2009).

M. Angold *A Byzantine Government in Exile: Government and Society Under the Laskarids of Nicaea 1204–61* (Oxford, 1975).

M. Angold *The Fall of Constantinople to the Ottomans* (London, 2012).

J. Harris *The End of Byzantium* (New Haven, 2010).

J. Harris, C. Holmes, and E. Russell (eds) *Byzantines, Latins and Turks in the Eastern Mediterranean World After 1150* (Oxford, 2012).

H. Inalcik *The Ottoman Empire: The Classical Age 1300–1600* (London, 1973).

P. Mansel *Constantinople: City of the World's Desire, 1453–1924* (London, 1995).

G. Page *Being Byzantine: Greek Identity before the Ottomans* (Cambridge, 2008).

S. Runciman *Byzantine Style and Civilization* (Cambridge, 1975).

S. Runciman *The Fall of Constantinople 1453* (Cambridge, 1965).

T. Shawcross *The Chronicle of Morea: Historiography in Crusader Greece* (Oxford, 2009).

K. Ware *The Orthodox Way* (Mowbray, 1979).